企业管理信息系统的
建设与应用

张 博 著

北京理工大学出版社
BEIJING INSTITUTE OF TECHNOLOGY PRESS

版权专有　侵权必究

图书在版编目（CIP）数据

企业管理信息系统的建设与应用 / 张博著. -- 北京：北京理工大学出版社，2021.9
ISBN 978-7-5763-0252-3

Ⅰ. ①企… Ⅱ. ①张… Ⅲ. ①企业管理－管理信息系统－研究 Ⅳ. ①F272.7

中国版本图书馆 CIP 数据核字（2021）第 176747 号

出版发行 /	北京理工大学出版社有限责任公司
社　　址 /	北京市海淀区中关村南大街 5 号
邮　　编 /	100081
电　　话 /	（010）68914775（总编室）
	（010）82562903（教材售后服务热线）
	（010）68944723（其他图书服务热线）
网　　址 /	http://www.bitpress.com.cn
经　　销 /	全国各地新华书店
印　　刷 /	三河市华骏印务包装有限公司
开　　本 /	710 毫米×1000 毫米　1/16
印　　张 /	10.25
字　　数 /	150 千字
版　　次 /	2021 年 9 月第 1 版　2021 年 9 月第 1 次印刷
定　　价 /	66.00 元

责任编辑 / 钟　博
文案编辑 / 毛慧佳
责任校对 / 刘亚男
责任印制 / 李志强

图书出现印装质量问题，请拨打售后服务热线，本社负责调换

前　　言

20 世纪 80 年代以来，为了实现经济与社会发展的目标，几乎所有国家都加快了信息化的步伐。管理信息系统这门新兴技术的主要研究内容就是如何最大限度地应用现代计算机及网络通信技术来加强企业管理。随着计算机软、硬件技术的发展，企业管理信息系统不断地吸收新的管理理念，扩大管理范围并逐步发展强大起来。企业管理信息系统是信息时代科技创新与管理创新相结合的产物，是信息技术与管理方法科学组合并且系统运作的管理工具，是企业经营者对市场信息、人才信息、物流信息、客户信息等信息资源进行系统设计、开发与管理的现代管理操作系统。一方面，企业管理信息系统为企业管理的科学化、系统化、高效化提供了强有力的支持；另一方面，企业管理信息系统大大改善和提升了企业管理的先进性与实效性，给企业经营带来了可观的经济效益。然而，由于企业管理信息系统的建立与运行，需要复杂的技术支持和运营条件，需要与企业进行管理模式的融合，需要管理者具备相应的知识和操作能力，这就导致国内一些企业知难而退，仍沿用传统的管理方式，放弃新兴科学管理工具的运用；或者虽然已经建立了企业管理信息系统，却未能使其发挥强大的功能优势。这些问题不得不说是企业管理信息系统发展中的遗憾。

为了帮助广大企业经营者和管理者在面对数字化网络时代和全球化的市场竞争时掌握并运用企业管理信息系统，在更加开放、更为复杂的环境中找准立足之地并寻求发展中的突破，本书应运而生。全书共分六章，分别对企业管理信息系统的建设条件、开发设计、组成部分、操作应用、运行管理等作了具体的说明，以帮助读者迅速掌握这门综合性管理方法，使企业管理信息系统在企业管理中发挥出应有的功效。

由于编者水平有限，书中难免有疏漏和不妥之处，敬请广大读者批评指正。

编　者

目　　录

第一章　企业管理信息系统概述……………………………………………1
　　第一节　企业管理信息系统相关概念………………………………1
　　第二节　企业管理信息系统与企业管理……………………………17
　　第三节　企业管理信息系统的发展趋势……………………………23
　　第四节　建设企业管理信息系统的挑战……………………………26

第二章　企业管理信息系统的开发…………………………………………32
　　第一节　开发任务与原则……………………………………………32
　　第二节　开发方式与人员……………………………………………41
　　第三节　企业管理信息系统开发方法的形成与分类………………45
　　第四节　企业管理信息系统开发方法的评述………………………47

第三章　企业管理信息系统设计……………………………………………71
　　第一节　设计任务与内容……………………………………………71
　　第二节　设计原则与设计说明书……………………………………72
　　第三节　企业管理信息系统结构化设计……………………………76

第四章　企业决策层信息系统及其应用……………………………………85
　　第一节　决策支持系统与经理支持系统……………………………85

第二节　决策支持系统的运作 …………………………………… 91
　　第三节　经理支持系统的运作 ………………………………… 102

第五章　企业经营层信息系统的组成及其应用 …………………… 106
　　第一节　人力资源信息系统 …………………………………… 106
　　第二节　制造管理信息系统 …………………………………… 110
　　第三节　营销信息系统 ………………………………………… 116
　　第四节　财务信息系统 ………………………………………… 124

第六章　企业管理信息系统的运行管理 …………………………… 132
　　第一节　企业管理信息系统的科学管理 ……………………… 132
　　第二节　企业管理信息系统及其服务方式 …………………… 136
　　第三节　日常运行管理工作 …………………………………… 143
　　第四节　企业管理信息系统的综合评价 ……………………… 151

结束语 ………………………………………………………………… 154

参考文献 ……………………………………………………………… 155

第一章
企业管理信息系统概述

新经济使管理具有一系列新特征，它正在创造着新的管理模式、新的运行规则。与传统的企业管理方式相比，新经济时代的新管理显得多姿多彩、魅力四射，企业管理也因此发生了相应的变革。

第一节 企业管理信息系统相关概念

一、企业管理信息系统的定义及发展过程

企业管理信息系统的主要作用是为组织内部事务处理和组织运营及控制提供参考信息和决策方法，是企业管理系统中的一个重要组成部分。企业管理信息系统的主要作用决定了其对组织的管理者及管理部门提出了更高层次的需求。

（一）企业管理信息系统的定义

企业管理信息系统所处理的对象为各类型数据和信息，从某种意义上讲，企业管理信息系统就是以处理数据信息为工作使命的一种现代化工具。企业管理信息系统的定义也是对计算机和管理这两个系统构成要素的说明。

1. 对企业管理信息系统的广义定义

企业管理信息系统是组织系统中的一个组成部分，其功能是在准确有效的前提下高效率地为组织战略计划的制定、组织管理、控制和经营提供必要的信息、决策方法和模型。企业管理信息系统是由"人"的要素组成的，其不仅包括具有

高素质、高能力的分析者和决策者，组织管理与决策中所需要的人工规则和程序以及"机"的要素，还包括计算机硬件及软件设备、通信系统和设备、办公设备和组织正常运行所需要的管理决策模型。下面有两点需要重点说明。

第一，企业管理信息系统并非简单的零碎计算机硬件及软件系统的整合聚集，而是具有一定固定性结构的综合性管理系统，是帮助组织内部各个部门或者层级进行管理活动和事务处理活动的综合性系统。企业管理信息系统的定义中否定了其仅为事务处理服务的概念。仅为事务处理服务是将所掌握的数据和信息服务于组织、企业管理者或者管理部门，它是企业管理信息系统的初级阶段。

第二，企业管理信息系统的定义强调了"人"的要素。一个计算机软件系统之所以被称为企业管理信息系统，是因为有人的参与。企业管理信息系统的运行和工作时刻需要人以及人编制的规则和程序。以现阶段企业管理信息系统所涉及的概念为例，人的参与程度越高，人机搭配程度和融合度越高，企业管理信息系统所拥有的能力和水平也就越高。这种概念与工厂中产品制造所追求的自动化控制的概念正好相反，反映了管理是具有人的思想的一种行为。近年来，随着人工智能的不断发展，企业管理信息系统也逐渐引入人工智能技术，但是这不代表管理更加机械化、程序化，也并非所谓的计算机代替人的一切行为，而是使计算机更加人格化，赋予其人的思考能力，使计算机与人的交流更加深入、更加智能。

企业管理信息系统的广义定义给一个组织的管理者或者管理部门提出了高层次的要求，传统的组织管理者的理念是将组织内部的数据和信息处理的工作交由专门进行数据处理、分析与整合的专业人员，而不是自己亲自进行。另外，对于企业生产中事务繁杂、事务处理系统庞大的主要环节，有必要将其从企业管理信息系统中提取出来，成为一个独立的系统，专门针对其特点进行相关概念、设计、开发和运行方法的研究。在这种情况下，企业管理信息系统的广义定义也就难以适用。

例如，航空企业的机票预订系统是由通信传输系统连接分布在全国甚至全球范围内的众多计算机终端而形成的工作系统。机票预订系统是航空公司中的典型事务处理系统，所以不能被认定为面向高层管理的系统。另外，有一些组织的事务处理系统同时承担着生产控制的功能，是处于事务处理系统和生产控制系统之间的工作系统。例如，电网调度管理信息系统的工作是将大量发电厂的生产数据以及用户的用电数据通过通信传输系统整合在同一个信息处理系统中。这显然不是一个向高层管理部门服务的系统，但却是一个十分复杂的企业信息管理系统。基于以上述两种情况为代表的广义定义无法完整解释系统存在的意义，因此需要对企业管理信息系统进行更为细致的定义，即所谓的狭义定义。

2. 对企业管理信息系统的狭义定义

企业管理信息系统是组织的管理系统中的子系统，即将生产中的自动化管理从管理系统中分离出来。比较企业管理信息系统的广义定义和狭义定义，可以得出一个结论：应针对不同的组织，根据不同组织的实际情况科学地选择这两种定义使用。从信息资源管理、设计以及开发的角度来分析，企业管理信息系统的广义定义适用于常规的中小型组织，而企业管理信息系统的狭义定义适用于规模较大、管理较为复杂的组织。

（二）企业管理信息系统的特征

本书将企业管理信息系统的特征总结为以下七个方面：

（1）数据集中统一。从严格意义上讲，只有数据集中统一，才能够组成有效的信息资源。

（2）应用数学模型。在企业管理信息系统中，要想有效地向各层级管理者提供正确、详细的辅助决策的数据信息，需要各种类型的数学模型，如优化模型、仿真模型等。

（3）有预测能力和控制能力。传统的业务信息系统只是简单地替代人力手工劳动，而企业管理信息系统使用数学模型（如运筹学模型和数理统计模型），在数据处理的基础上分析数据和信息并进行预测，为管理者和决策者提供决策支持。

（4）面向管理支持决策。企业管理信息系统为管理决策服务。其根据管理的需要，及时为决策者提供其所需要的信息，以帮助决策者作出决策。

（5）具有系统的特征。企业管理信息系统从本质上来说是一个系统，因此它具有一般系统的整体性、目标性、合适性的特征，也具有一般系统"输入—处理—输出"的工作模型。

（6）具有信息系统的特征。作为一个信息系统，企业管理信息系统具有信息系统的四大特征：① 数据输入后得出信息输出；② 输出的信息为管理决策服务；③ 具有信息系统的一般工作模型；④ 具有信息系统的处理方式。

（7）具有计算机软件的形式。企业管理信息系统是一种以计算机为载体，以应用软件为表现形式的系统程序。

（三）企业管理信息系统的发展过程

1946 年，美国成功研制出第一台计算机。1950 年美国统计局人口普查和 1952 年美国 CBS 电台的总统选票统计分析也用到了计算机。1954 年，美国通用电气公司将计算机应用于员工的薪资计算和管理，实现了真正意义上的企业管理信息系统的应用。一般将企业管理信息系统的发展划分为三个阶段。

1. 单项数据处理阶段（20 世纪 50 年代中期至 60 年代中期）

这一阶段又称为电子数据处理（Electronic Data Processing，EDP）阶段，是企业管理信息系统的初级阶段。在这一阶段，企业管理信息系统利用计算机替代人工进行局部数量大但工作较为简单的单项事务处理，例如薪资核算、物资管理等。其主要目的是提高工作效率、降低人工费用等。单项数据处理阶段有以下几个特点：

（1）集中批量处理：人工收集各业务地点的信息和数据并进行整理，获得一定量或者一定时间的数据后交由计算机进行集中处理。

（2）数据不能够共享：数据是程序的一部分，修改数据即对程序进行修改，数据无法共享且无法长期保存。

（3）单机运行：运行能力和效率低下。

（4）计算机硬件条件较差，运行速度慢，存储量低，输入和输出设备简单等。

（5）计算机无操作系统，也无文件管理功能。

2. 综合数据处理阶段（20 世纪 60 年代中期至 70 年代中期）

这一阶段又被称为事务处理阶段，广泛出现在商业和企业管理中，根据不同的业务需求建立以数据处理为基本形式的业务信息系统，如机票预订系统、银行业务系统、检索系统等。综合数据处理阶段具有以下特点：

（1）实时处理，并且能够随机进行数据存取和处理。

（2）数据可以共享，并且可以以磁盘存储或者磁带存储的方式长期保存。

（3）从单机工作过渡到面向终端的联机工作，通过通信线路将一台主机与多个终端连接。

（4）计算机硬件技术迅速发展，产生大容量磁盘组以及小型集成电路，计算机性能大幅度提高且价格降低。软件方面出现了操作系统，企业管理信息系统具有了多用户分时功能、文件管理功能和一定的数据管理功能。

3. 系统数据处理阶段（20世纪70年代中期至今）

在这一阶段，企业管理信息系统已经发展到高级形式，从单功能的系统发展为多功能、多层次的系统。系统数据处理阶段具有以下特点：

（1）实时处理方法是，兼容批量处理、远程通信处理等。

（2）数据以一定的结构方式精简之后存储在数据库中，应用程序完全独立于数据存储结构，使用灵活便捷。

（3）网络技术和数据库技术迅速发展，企业内各部门、各层级形成多级网络并与外界连接，相互交流信息，实现硬件、软件以及数据资源的共享，极大限度地提高了设备的使用率及系统的稳定性和可靠性。

（4）计算机硬件方面出现了超大集成电路、超大容量存储器以及各类型的输入、输出设备，以适应不同层次的使用需要。

（5）软件方面数据库管理系统（Database Management System，DBMS）和网络通信软件的出现及应用，使操作系统的适用性更强、更灵活。

（6）管理功能方面逐渐由事务处理转向管理控制，由战术层管理向战略层管理转变，利用数学模型、决策模型等为管理者的决策提供数据分析支持，并且帮助管理者进行预测和决策，同时向人工智能方向发展。

二、企业管理信息系统的组成与分类

（一）企业管理信息系统的组成

企业管理信息系统的组成主要是指各部件之间协同合作形成企业管理信息系统的过程结构。由于企业管理信息系统的组成部件各不相同，因此就会产生不同层次的管理系统的内部结构,而其中最重要的是四种组成结构,即概念结构、功能结构、硬件结构和软件结构。

1. 企业管理信息系统的概念结构

整体而言,企业管理信息系统主要由信息源、信息处理设备、信息用户以及信息管理者组成。其中,信息源的主要作用是了解信息发生地;信息处理设备主要用于信息的存储和处理;信息用户是指使用信息的人,一般由信息使用者对信息进行有效管理和决策;信息管理者是企业管理信息系统的设计者,主要负责企业管理信息系统的运营以及设备协调工作。

2. 企业管理信息系统的功能结构

对于使用者而言,企业管理信息系统的组成有多种功能分工,这些功能会因使用信息的原因而产生彼此之间的联系,从而逐步组成一个整体,这个整体可以呈现系统性效果。其中,不同的功能方式构成了企业管理信息系统的功能结构。

企业管理信息系统的几种功能结构之中,各种子系统以及相应的功能模块之间也存在着明显的联系。

企业管理信息系统的功能结构也可以显示出企业管理的特性。比如,若将企业管理信息系统中功能结构工作的过程描述成企业管理的过程,则可以根据子系统中的市场预测模块进行生产计划的预判并制定生产计划,计算产品的总产量能否保证价值均衡,同时,可以制定一定的生产目标。再比如,供应子系统能够制定原料采购计划的模组,不仅可以依据系统中的生产计划以及技术分类中子系统产生的数据管理模块进行生产产品消耗量的计算,还可以计算出原料所需数量,再通过汇总计算数额的方式确认生产期间所需原材料的具体数量。这个数量可以作为采购部门的参考值,核对库存后就能进行原材料进货管理。

在企业管理信息系统中,生产子系统主要负责制定生产计划;供应子系统主要负责管理原材料的库存;技术子系统主要通过管理各项技术型数据进行生产的组织活动;销售子系统则主要负责管理库存、运输以及销售等。

由于企业管理信息系统中各个功能结构的分工以及构成都不相同,因此在企业管理信息系统的开发过程中就需要确立重点关注对象。可以说,企业管理信息系统中的功能结构主要负责企业生产的分析、规划以及生产设计等任务。

3. 企业管理信息系统的硬件结构

企业管理信息系统的硬件结构主要是依托相应的设备产生的，如应用的计算机、网络系统设备等都属于硬件结构范畴。

4. 企业管理信息系统的软件结构

企业管理信息系统的软件结构就是在硬件结构的基础上安装的系统管理软件，主要是指按照开发人员制定的设备使用方案进行软件模组设定所形成的系统结构。

企业管理信息系统的软件结构由两种形式组成。一种软件结构存在于硬件结构中，直接安装在计算机里，进行相应的数据采集、系统操作、数据存储管理，协调服务器内各种软件设备以及进行工具开发。这种软件结构与硬件结构保持着相互依存的关系，因此一般情况下软件结构与硬件结构都是并行作业的。另一种软件结构主要是由生产模块中的应用系统组成的，这种软件结构主要依赖模块存在，一般以多层的树状结构图来表示。

其实在企业管理信息系统中功能优势也会采用树状结构图的形式表示，但是由于其仅限于说明各种模块以及子系统之间的关系，因此不需要强调递进关系。

在企业使用过程中，一般使用中的现有系统都以功能结构为主，而通过目标确认功用的新系统则主要采用软件结构。

（二）企业管理信息系统的分类

针对管理需要的权限以及相应功能，企业管理信息系统可以划分为六种类型。

1. 企业管理信息系统中的信息处理系统（IPS）

信息处理系统占用整个企业管理信息系统运行内存的70%左右，其分管的内容较为复杂，主要有信息的采集、输入、存储、转换、分类排序、传输传递、提取和对原始信息的搜索以及更新等。由于数据应用中需要进行大量的信息处理工作，因此工作人员需要依赖信息处理系统，以便将人力从冗杂的信息处理中解脱出来。

2. 企业管理信息系统中的事务处理系统（TPS）

事务处理系统对企业而言就是进行日常事务记录和琐碎事务处理工作的系

统,如订单接收与管理或者差旅人员机票、酒店、餐饮的预订。通常,事务处理系统具备两个明显特征:

(1)事务处理系统是与外部连接的,如果它不能有效运行,那么就会导致整个企业管理信息系统失去与外界的联系,既无法及时获取有用的外部信息,也不能向外部传输内部的信息。

(2)由于事务处理系统直接与外部连接,它就成为信息的主要来源以及提供者,管理者需要通过它进行实时数据与历史数据的运转,从而了解企业内部生产状态与外部要求之间的联系,为之后生产决策的下达提供数据依据。

3. 企业管理信息系统中的办公自动化系统(OAS)

办公自动化系统能够满足办公室职员大多数的信息处理要求,包括文字处理、桌面印刷、电子邮件往来、电子日历提醒、日程安排、可视化会议等,可有效提升办公室自动化管理,也便于进行文献、部门日程安排和即时通信管理,同时,在办公室工作中还能将相关数据直接制作成图表的形式,更加直观地反映当前的生产或者销售内容,而且它还具备存储功能,极大地节约了管理人员以及文件编录人员的工作时间,促使无纸化管理成为办公室工作未来发展的趋势。尤其是近年来,随着办公自动化系统的飞速发展,文职人员在工作过程中可以利用该系统进行信息或者文件的传递工作,在节约时间的同时也提高了办公效率。办公自动化系统能够将公司内部与外部联系起来,既能够提供相应的信息,也能够充分对信息进行合理化应用。

4. 企业管理信息系统中的知识工作系统(KWS)

知识工作系统一般都会应用于办公室自动化技术中,其主要作用是辅助知识型人才创造新的数据信息或者相应的专业知识,并且在创造后将它们切实应用到实际生产工作中。一般使用知识工作系统的都是专业性较强的职业,如工程师、律师、医生或者科学家等。知识工作系统能够高效收集企业内部相关知识,并且具备一定的图解、分析、通信和文件管理能力。它的主要功能就是将部分专业知识进行有效整合,以便企业管理信息系统对其进行使用,从而提升工作效率。

比如,在工程建筑领域,知识工作系统往往具备更加专业和科学的计算方式,它会持续工作直至整个计算的结果符合要求为止;如果将知识工作系统应用在法律诉讼案件方面，那么在律师针对某个案件制定辩护方案之前，也需要对相关的证据以及类似案件的卷宗进行反复核查，从而提升案件整体甄别的准确性。

在工程设计系统中应用的计算机辅助设计（Computer Aided Design，CAD）就是一种典型的知识工作系统，其原理就是通过三维立体动画技术，相关设计人员或者规划方面的专家在进行设计之后，能够直接呈现较为真实的设计效果，从而确定或者否定设计方案。计算机辅助设计不仅能够降低相关技术人员的劳动强度，还能提升产品的生产效率以及设计质量。

5. 企业管理信息系统中的决策支持系统（DSS）

决策支持系统，顾名思义就是为了辅助高层决策者优化决策而设立的智能人机系统。它能够通过管理学、运筹学、控制论以及行为，科学分析决策者提供的数据和背景资料，从而全方位地了解问题，明晰决策目标，剔除过多的思维项目，完成问题识别，创建模型，从而为决策者提供相应的决策方案备选，再由决策者通过比较和分析进行最终的决策优选。

由于决策支持系统主要以提升决策产生的效果为目的，因此在制定决策时具有较强的针对性。它主要满足的是某一方面的决策类型，不可能同时解决所有问题，因此，决策支持系统即使功能强大，对于决策者而言依旧只能作为辅助性工具使用，不能完全代替决策者作出最终判断。

当今大部分决策支持系统主要解决半结构化或者非结构化决策问题。决策支持系统能够驱动动态系统，还能建立相应模型进行判断，因此在决策时具有相应的智能性和前瞻性。

6. 企业管理信息系统中的执行支持系统（ESS）

执行支持系统也是服务于管理层的，但与决策支持系统不同的是，它主要服务于管理人员，面对的是决策支持系统不太接触的非结构化决策问题以及外部环境变化产生的问题。执行支持系统主要的存在价值在于能够为决策者提供相应的信息，在事务处理系统、办公自动化系统、知识工作系统以及决策支持系统的运行中对一些关键性的数据进行筛选和过滤，然后进行进一步的追踪，并结合外部信息的获取，得到譬如相关法律法规颁布、竞争对手新研发项目等消息内容，以最低的成本获取关键性信息，促使信息在第一时间得到更新，从而保证管理者能够及时并准确地作出决策判断，避免延误最佳时机。

三、企业管理信息系统的职能与作用

（一）企业管理信息系统的职能

企业管理信息系统本身具有较强的特殊性，在具体管理过程中可以发挥七个方面的作用。需要结合实际情况对企业管理信息系统的职能进行有效认识，然后采取相应的措施进行适宜的优化，从而提高最终工作效率。

1. 数据的收集和录入

数据录入之后可以有针对性地进行相应管理。辅助管理人员进行相应的信息甄别，开展针对性管理。在具体操作过程中，相关系统首先要确定对应的数据源，确定标准收集方式，规定数据格式，对收入数据进行针对性检验，然后再进行质量控制，为录入做好数据准备，并按照系统配置和要求进行数据录入。

在进行实际操作的过程中，数据录入自身具备较为明确的重要性，尤其在信息处理过程中，不同管理层存在不同的信息源，在管理和经营控制方面，主要是内部数据，而在计划层次方面，则主要是社会数据和环境数据，这些数据自身具备一定的特殊性，处理与收集难度也相对较大。如何进行针对性管理和收集也是企业管理信息系统所面临的最关键的问题。在一般情况下，相关的数据收集与录入工作大部分与事务处理层和营运控制层有着密切联系。另外，对于记录方式以及数据精准度等问题，如果不能加以有效控制，也很容易影响后期的工作效果和工作质量，从而导致更多的现实问题。可以肯定的是，精准有效的数据收集和录入能够提升最终工作成效，而若记录方式不佳，则很容易降低记录速度，增加错误，增大数据准备工作的难度。数据准备工作主要是指对机器不能直接进行阅读的数据进行加工，进一步为后期录入做准备。此外，在操作过程中，还需要对数据进行校验，纠正相关错误，剔除一些与实际情况不符的数据。由此可见，在具体的操作过程中，数据录入存在着明显的复杂性，数据处理工作难度也相对较大，需要对录入人员进行严格的训练，才可以确保后续的工作质量，规避常见的问题，弥补不足。

就实际情况而言，此类录入操作按照时间属性可以分为两种方式，分别为批

量输入和直接联机输入。批量输入是定期将积累数据输入机器，直接联机输入则是在终端或者电传打印机上随时将收集到的数据输入其中。总的来说，数据收集和录入工作的工作目的和要求与计算机应用工作有相似之处，但其自身也存在一定程度的特殊性，需要在相关工作中充分认识。

企业管理信息系统应用数据库全面管理基本信息资源，减少了分散建立的数据文件，还消除了一系列复杂且利用率较低的文件，然后将原本要储存在不同地方的数据保存在同一个文件中。这样的方式在一定程度上具备较强的集中性，也对最终工作效果进行了一定程度的优化，避免了分散储存所带来的数据不一致或联动性较差的问题。正因如此，数据的收集和录入具有一定的特殊要求，只有更加具备计划性和结构性，才可以让整体操作效果得到优化。这是实际操作过程中最为关键的内容，难度也相对较大。在具体操作过程中，对于数据的完整性和有效性也有一定的要求，在相关逻辑关系方面具有一定的特殊性，其数据集合完整性相对较为明显。在同一系统目标要求下，整体数据收集完整范围方面效果较好，同时，在这一范围内，对各种数据之间的逻辑关系也有着严谨的要求。

在实际操作过程中，企业管理信息系统应用数据库思想，因此统一数据（特别是对于共享程度高的数据来说）精准度、精确性意义相对较为明显，不同于以往的分离式文件。在这种情况下，如果一个数据出现错误，就可能直接影响其他系统或其他部门的数据，产生连锁反应，带来一系列错误。

2. 数据存储

数据存储是企业管理信息系统最为关键的职能，其作用相对较为明显，主要是根据内在结构和企业管理信息系统的各种应用程序进一步确定数据逻辑组织和物理存储方式。数据逻辑组织主要是指独立于数据的实际存储组织的数据之间的关系，因此其存在两个层次，第一个层次为总体设计意义上的数据逻辑关系，反映相关系统的各个子系统之间输入、输出的关系；第二个层次则是在开发层次上的逻辑关系，主要是指整体操作过程中模式和数据库中的文件组织与文件结构。

从整体设计与管理角度来说，数据逻辑关系和物理存储关系两个概念具有明显的差异。第一，数据逻辑关系是从事物的属性中得到的。从某种程度来说，其存在一定的抽象性特点，需要人们用头脑去认知，然后将其变成设计文字。物理存储关系则与之不同，其是同具体的存储介质与地址相关联的。第二，数据逻辑关系与物理存储关系二者未必一直保持一致，既可以是一致的，也可以是有区别的，如数据逻辑关系上相关的两个文件会存储在同一计算机系统中，因此二者不具备一定的物理存储关系，或者两个文件具备物理存储关系，存储于同一计算机系统中，但除此之外，二者没有任何数据逻辑关系和相关性。第三，在系统目标的指引下，数据逻辑上相关的两个文件是不一定存储于同一计算机系统中，这也就意味着二者存在很明显的差异。第四，在系统目标的指引下，整体逻辑关系可以确定，甚至是唯一确定的，但在物理存储方面却具备多样性，相关存储都依赖于一定的存储介质，从而使操作过程更加便利、便捷，物理配置更加合理。

系统的物理存储方式也可以分为两个层次来考虑，即设计层次与开发层次。在设计层次上，需要对整体的大系统进行一定设计，以更好地优化最终效果，保障最终设计的成效。在开发层次上，需要考虑到每一个数据库文件的物理组织形式，以确保存储效果得到控制。一般而言，文件的物理组织形式分为两大类，即适用于信息检索的表组织和适用于数据处理的文件组织。适用于数据处理的文件组织按照其记录的物理存储形式，可以分为顺序文件组织、随机文件组织、索引随机文件组织、索引顺序文件组织。这些内容是存储过程中极为重要的一部分，其作用也较为明显，直接作用于数据存储和利用的全过程。

3. 系统内数据传输

数据传输与利用是十分关键的内容，如果不能进行有效的传输和利用，那么存储之后的数据就会变成"僵尸数据"，不利于整体数据活动的管理。数据的传输和利用也是企业管理信息系统最为关键的职能，其存在的价值和起到的作用较为突出。数据传输服务组织按照地理位置的分布可以分为两种，即分散与集中。对于分散组织，有时需要将信息从一个城区传输到另外一个城区，或者从一个城市传输到另外一个城市，距离一般都在几千米甚至几百千米以上，路程相对较远，而有的组织部门虽然相对较为集中，但部门与部门之间也隔了几百米左右，这样一来，整体对于数据处理的时间性要求就较高，需要借助现代化传输手段，保障整体速度和效率，还需要保障其自身的保密性。目前，常用的通信形式包括但不限于远程公共通信网通信技术、远程专用通信网通信技术和局域网通信技术、主机-终端型通信技术等。

4. 数据加工处理

数据加工处理也是企业管理信息系统比较重要的一项职能。一些数据并非进行简单收录和管理之后就可以使用，还需要经过系统加工处理之后才能够成为有用的信息，为整体的决策起到辅助作用。数据加工可以分为两个层次，即初加工和深加工。初加工主要与事务处理有着密切的联系，包括统计、排序、修改主文件等通用性软件包，例如统计、排序软件包等。深加工则与企业管理信息系统的面向各层管理决策概念有着密切的联系，其可以将所有收集入库的数据进一步利用大量应用程序，通过子模式设计，加工处理之后得到最终信息。这些操作与初加工相比更加高级、复杂，需要利用数学工具（如经济学、运筹学或者其他管理科学模型、方法等）才可以得到最终的数据结果。

5. 模型建立、求解、应用与修改

模型建立主要是通过系统存储的求解式模型或者描述型模型，进一步把组织面临的预测、计划中的决策变量，即模型中的因变量，与运营控制、管理控制中的控制变量同步，即与模型中的自变量相结合，同时，还需要与表达环境的参变量进行一定的联系，然后用定量的、逻辑的方法进行决策，从而进行求解并进行相应的数据应用、修改等操作。相关系统中存有一些软件来进行求解和处理，然后将最终结果施加到实际操作中，通过绩效评价，修正所建模型。

6. 向管理层输出信息支持决策

相关系统需要配备输出设备（如打印机、绘图机等）。这些设备最为重要的功能是可以提供输出方面的支持，进一步配套用户接口模式。在具体操作过程中，可以进一步输出有效信息，辅助进行相关决策，而在人机接口与实际操作过程中，要考虑四种模式，即终端查询、终端预约、脱机文书和中间人模式。第一种模式主要是决策人利用终端直接与系统对话，根据需求获得相应的信息。第二种模式是有计划地向决策人显示相关的数据信息，提升整体决策和决定的效果，辅助进行相应的决策。与终端查询相比，此类模式中决策人相对较为被动。第三种模式主要是利用书面报告的形式，将相关信息整合起来，向决策人显示相关的关键信息。第四种模式是决策人通过助手进行相应信息的获取，需要具备根据不同情况输出信息辅助决策的功能才可以保障信息提供的实用性和实际性。

7. 自身管理与维护

自身管理与维护也是企业管理信息系统的主要职能之一，主要是通过软件重编与修改，进一步进行自我更新。由于组织不断变化，因此存在三个因素可引起重编程序的需求，即管理需求改变或硬件资源及信息来源改变、原有程序组合及不同子系统组合的结构改变、一部分软件或数据库变更而对其他软件提出相应的变更要求。可更新性也是相对关键的特性，起到了很大的作用，然而在具体操作过程中，它也会引起一些技术与工作量的改变，因此会提出一定的经费要求。

（二）企业管理信息系统的作用

1. 实现管理现代化

企业管理信息系统的功能较为强大，尤其在具体操作过程中，相关系统起到了关键的支撑作用。若系统出现问题，则后续操作也会面临很大的风险，而就实际情况而言，此类系统也是实现管理现代化最主要的途径，作用和价值都较为突出。现代化是一个相对综合的概念，包括科技、制度、思想意识和行为习惯，同时作为一个动态概念，具备明确的价值和意义，不同时代存在着不同发达程度以及表现、体现与特征。在实际操作过程中，管理现代化体现在四个方面，即管理思想与方法现代化、管理体制现代化、管理技术手段现代化和管理人员现代化。这四方面有着关键的作用，思想与方法方面与市场经济存在着很强的相关性，各类管理理论与方法都渗透其中。管理体制现代化主要是指建立现代企业制度，保障产权明确，进行组织创新以及自主经营。这样一来，整体综合管理的独立性就可以得到保障。手段现代化主要是指利用各类信息存储交流手段，完成庞大的信息处理任务，辅助复杂决策和进行针对性规划。人员现代化主要是指逐步辅助人员掌握现代化管理理论与方法，有效地实现思维意识与管理行为习惯的改变。

这样的相关方法与有关措施有着较为明确的价值和意义，辅助建立了良好的现代化管理体系，促使整体管理的动态性、实效性得到保障，最终效果也较为可观，打破了传统工作过程的限制，优化了最终管理成效，使管理与时俱进、积极创新。

2. 提高经济效益

有效开展管理能够提高经济效益，这是毋庸置疑的，同时，在实际操作过程中，在市场压力逐步增大的情况下，精准有效的管理能够起到较好的效益提高与优化作用。相关系统被应用后，具体效益的提高可以体现在降低企业成本、缩短开发周期、提高产品与服务创新意识、提高转换成本这几个方面。在降低企业成本方面，精准有效的管理能够保障工作的准确性和即时性，提高工作效率，降低庞大的人工成本。缩短开发周期主要是利用计算机辅助设计系统，进一步节省新产品设计人员的大量运作时间，降低整体设计成本。产品与服务创新也和经济效益有着密切联系，相关系统可以通过有关创新，进一步提升整体的差异性，在同行中提升自身的竞争力。在提高转换成本方面，通过有关系统可以进一步改善企业、客户与供应商之间的关系，从真正意义上锁定原有市场并拓展新市场。这样一来，整体经济效益更加可观，客户也更加固定，避免了客户的流失，还可以积极开拓新市场并吸引新客户，从而增加企业的经济效益。

总的来说，企业管理信息系统的职能与作用对于企业发展来说有着较为积极的价值和意义，可以结合实际情况有效地进行应用，让企业管理水准得到一定程度的优化。

四、企业管理信息系统的生命周期

企业管理信息系统的生命周期包含产生、发展、成熟、消亡（或者称为更新）四个环节。企业管理信息系统在发挥其作用的过程中，会随着自上而下环境的变化而随时进行自我维护、修改和补充。当原有的企业管理信息系统的工作承担能力不再能够达到管理的需求时，自然而然就会被新的企业管理信息系统取代，再开始下一轮的生命过程和取代工作。每个循环周期就被是企业管理信息系统的生命周期，它主要被划分为系统规划、系统分析、系统设计、系统实施及系统运行与维护五个阶段。

（一）系统规划阶段

系统规划阶段的任务是根据企业用户对系统管理开发的需求，对企业环境、发展前景和经营现状以及目前所拥有的企业管理信息系统的工作情况进行深入分析，然后根据企业的战略发展规划和发展目标明确新企业管理信息系统所需要拥有的功能和设计目标，最后确定企业管理信息系统的开发原则以及阶段性实施方案，同时进行可行性分析，整合所有因素，最终确定系统设计方案。

（二）系统分析阶段

系统分析阶段的任务是根据系统设计和开发的方案对企业的信息以及各环节现状进行整理，然后对企业结构、功能、业务和工作流程等所有环节进行深入分析，得出企业管理信息系统的可行性分析报告，结合可行性分析报告对现行的企业管理信息系统的业务流程和数据流程进行详细调查，总结现行系统中出现的问题，提出维护和修改意见，并整合各层面数据对新企业管理信息系统中的业务流程和数据流程进行确定，编制最新版本的系统说明书。系统分析阶段是整个企业管理信息系统建设的关键。

（三）系统设计阶段

系统设计阶段就是在系统分析阶段提出的可行性系统逻辑模型的基础上设计新系统物理模型，也就是解决系统需要怎么建设问题的阶段。系统设计分为总体设计和详细设计两个步骤。总体设计针对的是系统的流程图、功能结构图和功能模块图；详细设计则是对总体设计的细化，包括编码方案、数据存储、输入/输出等多个流程的设计。系统设计阶段的技术文本即整个系统的设计说明书。

（四）系统实施阶段

系统实施阶段就是将系统的设计变为系统实际工作的阶段，是整个系统生命周期中最关键的阶段，包括设备的购置、安装及调试，人员培训，数据整合，系统测试与更新等工作。系统实施阶段的工作任务烦琐复杂，需要保证安排和组织的合理性与科学性。在实施之前需要制定严谨的实施规划和进度要求，确定预算，保证系统实施工作的顺利进行。

（五）系统运行与维护阶段

系统运行与维护阶段的主要工作是对投入使用的系统进行监控管理、运行维护和运行评价。在日常工作中需要强化对系统的管理和维护，制定严格的管理制度，而且还要对系统的运行进行综合评价。

第二节 企业管理信息系统与企业管理

随着科学技术的不断发展,目前国内很多大型企业都已经使用计算机软件技术构建属于自身的信息管理平台,信息管理平台与传统管理平台不同,具体表现在管理模式、管理方法以及资源配置等多个方面。

一、企业管理信息系统与企业管理的关系

现代企业在管理过程中会面临很多问题,不仅信息量巨大,管理内容也不断推陈出新,为了能够适应经济全球化的发展,不少企业甚至开展了跨国业务,因此,企业应该不断完善自身的信息管理平台。

(一)企业管理过程

企业运行的主要目的在于通过自身的运转完成商品的生产和销售,从而获得利润,因此,在管理过程中需要事先制定一个比较周全的生产管理计划,在稳定的市场环境下对经营活动进行计划、调整、协调和控制。生产者通常将经营活动分为生产和管理两个方面。生产决定产品的生产质量,而管理则负责产品的资金投入、流向以及信息资源的整合。

物流管理是指产品从生产到加工以及流转的运动活动,信息资源控制则是对产品在流动过程中所产生的各种信息数据进行跟踪记录。记录的内容包括产品在流动过程中质量、价格、销售数量等多个方面的变化。

物流管理和信息管理的区别在于,前者是指具体、可拟的单方向形态流动,而后者则是一种虚拟的多方向流动。二者在企业运行过程中都会参与企业的管理,而且相互联系。信息管理为物流管理提供基础的信息数据,而物流管理将发出的指令落实到实际操作中,所以企业管理人员应该能够拓展并结合二者的优点,进行综合利用。

在如今这个信息不断扩展、爆炸的时代,很多大型企业需要不断增加信息存储空间,同时,对搜集的信息质量、精确度和时效性提出更高的要求,而传统的管理模式显然不能满足这样的要求。

（二）管理科学对企业管理信息系统的影响

现代化企业管理信息系统最大的特点是它可以将科学技术和现代管理思想结合在一起。二者通过计算机软件结合成一个整体系统，该系统能够比较准确和高效率地控制生产过程中产生的所有数据。可以发现，该种管理模式以科学技术为实施的基础，以先进管理模式为辅助的手段和思想，将原本开发出来的系统变得更加规范和科学。这就是现代化企业管理信息系统的真正意义所在。

从现实管理的效果来看，应用科学管理模式能够对大量数据进行量化处理。因为计算机系统能够容纳概率学、计量学、哲学等多个学科的内容，企业管理信息系统能够对具体的问题应用自身内部的知识储备建立科学的模型进行详细分析，从而解决问题，所以，企业管理信息系统离不开拥有强大处理能力的计算机系统。这需要理科知识背景，但是就使用情况而言，很多时候需要进行专门的信息研究，这些信息往往涉及非技术方面的知识。

（三）企业管理信息系统对管理的作用

计算机系统包含有很多不同的子系统，各子系统能否实现准确的交流和沟通也是决定信息管理质量的主要因素。在以往的管理模式下，需要很多工作人员在指定的会议室中进行交流和讨论，但是如果公司的规模比较大，那么这些工作人员很难在同一时间全部集合，而应用信息化的管理技术往往能够将海量的信息数据统一到本地储存系统中，不仅具有很高的安全性能，还可以在很短的时间内完成传输。在互联网的影响下，若能够将生产和销售环节所产生的数据统一成为一个整体，经过处理之后发送给各个不同的部门，则这些数据就能够转换为有效的信息，从而提高数据的利用率。

一方面，企业管理信息系统希望能够提高运作效率；另一方面，其希望能够帮助企业获取更多经济效益，因此，做好企业管理信息系统的开发工作能够有效改善其运行状况。最为常见的事例就是在工业生产线上用物料需求计划系统对本次生产所涉及的各种物料、资金以及详细环节进行有效规划，实现自身生产环境的控制优化。

在进行信息革新的过程中，企业内部往往还需要改变和外部社会之间的关系，因此有关大型或者跨国企业可以利用办公自动化和互联网技术获取其他行业的商业知识以及国家制定的政策，并将搜集来的信息发送到数据库中进行统一管理，利用自身的信息决策系统制定出最佳的方案。

由于自身情况不同，企业需要应用不同的商业模式获取更多的市场竞争效益。若要提高经济效益，则需要能够做好外部信息搜集和内部规划建设两方面的工作，这些都将纳入企业管理信息系统的管理范围之内。由于外部的商业环境时刻处于动态变化中，因此，在企业管理信息系统的开发过程中还需要留有一定的改变空间，以方便后期不断发展和创新。基于此，当前不少企业都已经投入了大量的研究资金，例如，联邦快递运输公司（以下简称"联邦快递"）研发的可以进行信息交流的物流系统，使客户能够在互联网上查询自身快递的物流情况并且与公司及时进行沟通和交流，获得了客户比较广泛的认可，促使其他公司也加紧了这方面的技术研究。

由此可见，信息技术在新时代能够为很多企业带来巨大的经济效益以及方便，不少电子物流企业都在尝试将信息技术和管理平台结合在一起，因此做好创新工作以及提供更加新颖的服务模式是当前企业获得市场竞争力的主要保证。

企业管理信息系统的研发和发展为经济全球化提供了非常有力的交流沟通平台。大型跨国企业为了能够建立一个世界网络营销系统，必须独立自主开发一个全球信息系统来负责产品生产、发货以及收付款。建立全球化信息管理平台能够获取更加精准和可靠的参考信息，增加企业的市场竞争力，同时，这也迫使更多企业不断增加此方面的技术研究资金投入。

（四）企业管理信息系统与企业流程再造

20世纪90年代末，在企业管理信息系统的基础上，美国很多公司都在尝试研发一种企业流程再造技术，即在原本技术的基础上对生产过程中不合理的制造流程以及制造标准进行理性的变革，从根本上提高企业在生产环节中的利润。

企业流程再造理论最早是由美国科学家 Michael Hammer 以及 Jame Champy 共同提出的。这个概念可以理解为企业在生产过程中为了能够适应时代的变化，对生产中不符合规范的行为进行比较彻底的改造，以求缩短产品的交货时间，提高产品质量，降低服务成本。

可以将企业流程再造理论理解为当前信息化时代的产物。如果站在历史的角度来思考不难发现，企业流程再造理论的发展基础在于信息技术能够得到健全和完善，并且随着网络速度的不断加快，企业的组织结构同样发生了天翻地覆的变化。从应用情况来看，信息化时代对于企业员工的素质要求有所提高，目前，员工的工作职责以及使命同样发生了变化，不再像往前那样仅满足于简单的生产任务，而是要求员工发挥自身更大的社会价值。

以往的劳动组织结构比较简单，一个生产流程有计划地分为不同的生产部分，并且根据生产任务的不同而划分为不同的管理部门以及执行部门，部门经理往往将更多的精力投入自身领域的研究工作，但是企业的整体目标没有办法被体现出来，因此这是一个比较严重的问题，而当前的企业流程再造思想是一个比较系统的思想，它由一系列活动组合而成，强调整体工作的运行质量，从而不断满足客户消费市场的动态变化需求，另外，企业应该将这种运作的方法作为一种哲学体系认真贯彻到具体工作中，现代化的管理模式应该勇于突破以往的管理结构，用实际的生产流程改变传统的职能导向模式，这样才能够真正实现产品的高效率生产、能源的有效利用和经济的最大化收入。

步入新时期以来，互联网以及网络通信技术的日趋成熟，给市场带来更多的创业以及就业机会，因此企业的业务范围被大大拓展。本书希望有关企业能够积极利用这样的时代资源去革新技术成果以提高自己的市场竞争力。

二、企业管理信息系统和企业组织的关联性阐释

企业管理信息系统在应用上主要通过组织环境、结构和管理行为等方式影响系统的操作与命令的执行，受影响的系统主要由一个组织构成。

组织结构与自然界中的有机物相似。其形态与结构可以通过多种排列方式构成。通常情况下，由于组织的作用对象和工作实施目标具有一定差异，其与社会定位、组织方式、奖惩方式以及工作环境等方面的差异共同造就了特征明显、数量众多的组织结构。通过类型进行分类，组织有职能型、事业部型、矩阵型以及网格型等类型。

现阶段，各个组织通过不同方式进行结构重造，同时，协调规模以实现扁平化设计，这在一定程度上削弱了部门之间的职能分化壁垒，并且通过产品属性设

定团队标准，实现了网格型组织的工作形式。

（一）企业管理信息系统对组织及领导职能的影响分析

企业组织结构在以往的管理方式中，主要通过纵向统筹式进行分层管理，而企业管理信息系统在此结构上实现了扁平化管理。其特点主要有非单向统筹、分层化管理少、部门功能交融性强等。原有的分层化管理在数量上得到了精简，如中层管理。精简不仅可以使管理职能得到一定程度的加强，也拓展了决策和管理的思路，同时使临时性组织及其流动速度获得了一定程度的增长。上述管理工作主要通过信息化技术手段实现内部信息传递的优化，极好地控制了信息传递和沟通的成本。另外，这也让各部门之间的联系更加紧密，有助于实现决策方案制定与工作执行的相互协调。

提升工作效率的要求使企业决策进一步转变为集中化。通过管理职能的中间环节优化，企业用信息技术替代了传统工作模式下中间环节管理工作者的沟通与调控职能。对于被信息技术替代而余下的一线管理工作者，则从固定的工作形式中分离出来，被企业赋予其他形式的主要工作。

职能型、事业部型以及矩阵型组织具有共同的等级分层特点，即分层式管理结构。网格型属于企业在信息技术的支持下，进行结构重组的新组织形式。职能部门与组织结构之间的区分越来越模糊，企业工作多以项目整合以及团队模式进行决策、规划与执行。该结构可以结合组织或团队结构进行特征重塑。由于以往的组织形式存在等级、实施计划以及人员管理等方面的限制，因此只能对工作项目进行推断式管理。网格型组织在信息难以确定和环境变化频繁等条件下，可进行非硬性转化。由于该结构为临时组成，同时具有快捷的组织特点，因此在人员分配、决策管理以及上、下层关系等方面，可根据工作需要快速调整结构组成，以适应新的工作形式。

（二）组织和企业管理信息系统存在的联系分析

企业管理信息系统对组织的影响具有多环节和多角度等特性。新企业管理信息系统的实施将作用于企业组织、发展规划、工作制定、价值取向、行业与市场的经济竞争、决策方向以及企业运营等方面。企业管理信息系统的结构组成需要根据企业的实际需求并结合政治文化背景等制定方案。

企业管理信息系统的建立，一方面需要结合工作效率，另一方面需要结合企业的发展需要。企业发展决策制定的合理性、客户服务的优化、统筹企业内部管理、政府管理以及人力资源等方面的需要，是促使企业管理信息系统建立与完善的主要影响因素。

现阶段，新企业管理信息系统要在组织和信息结构的创建上具备一定竞争优势，需要进行新一轮的规划。上述组织结构应在通过信息化建设改善部门之间的沟通效率的同时简化工作结构。该系统的作用在于消除工作性质、空间限制而造成的管理障碍，以改善工作人员与组织之间的信息传递和沟通质量，逐步提升工作的实施质量。

优秀的企业较为重视组织创新能力的培养，其可以成为企业发展的重要力量。组织创新能力的培养需要创造"集思广益"的自由环境，企业工作人员或者组织可以在思路的碰撞下促进企业决策的最优化，在市场竞争中形成核心竞争力。新时期的组织管理工作需要结合新时代背景以及信息技术的应用。信息技术的发展可使组织结构在工作制定与实施的过程中起到一定的优化作用。此外，信息技术的应用不仅可以优化组织信息与数据的相互传递，还可以通过信息形式营造企业新时期的管理氛围。

（三）企业管理信息系统可应用的组织类型

1. 项目团队和长期团队

长期团队不同于传统组织形式，可通过增设或转型等方式代替以往的组织部门。该形式可通过精神层面的建设使组织内部的工作人员实现其所追求的共同工作目标。

团队包含多个部门的工作人员。不同人员之间的思维碰撞可以使新思想、新观念得到发掘。另外，工作质量监督以及绩效考核等工作可以实现统一管理，而且在统一管理的实施下还可以使企业发展工作涉及团队的精神层面。

团队需要通过信息技术手段改善工作的实施水平。比如，工作流程化与自动化作为团队工作实施中的主要措施之一，当执行团队申请工作时，需要通过团队传递至另一部门或者工作人员，并根据工作申请的执行情况及时进行反馈。团队内部工作信息的传递与沟通也是通过企业的互联网平台进行的。

2. 跨国公司

该类型公司是国际贸易中通过合作模式进行商业运营的公司。由于跨国公司在空间分布上缺乏集中化管理，因此，为提升其管理工作与决策工作实施的科学性，在业务拓展的过程中可借助计算机技术，加强不同地理位置各公司之间的联系，进而改善企业运营、管理以及决策的实施质量。

3. 虚拟组织

该类型组织主要由不同种企业构成且具有时效性，通常情况下，该类型组织具有核心企业。核心企业具有组织发展的重要资源，即目标市场和创新工艺。该组织结构中，不但企业之间能够达成合作共识，而且存在市场经济竞争的企业也能够在相关发展项目中达成合作。此种企业为竞争伙伴关系，实质上属于发展共赢和经济共赢关系。

通过信息系统之间的相互连接，该类型组织使企业发展的必要信息与数据可以较为便捷地进行传递与共享，由此在市场调研、开发以及企业扩展的过程中形成新的发展理念，同时使组织的内部人员具有较为密切的工作关系。

4. 学习型组织

该类型组织对市场、企业以及政治环境的信息需求较强，将信息与数据的研究成果或新政策的学习成果应用于企业的发展中。该类型组织在信息内容的处理、分析与传递上，往往需要准确性与效率性，在一定程度上改善了组织职能的运行质量与效率。企业管理信息系统的应用使其组织内部的信息与数据沟通速度得到一定提升，并且相关算法的应用可以使其数据分析的准确性得到一定程度的改善。

第三节 企业管理信息系统的发展趋势

一、企业管理信息系统的研究趋势

（一）自动化

自动化是企业管理信息系统的主要发展趋势，特别是在计算机辅助软件工程

（Computer Aided Software Engineering，CASE）出现之后，对企业管理信息系统进行自动化升级的方法成为该行业的一个研究热点。如今，人们可以使用 CASE 进行企业管理信息系统的设计工作。无论是系统的分析、设计还是程序的编辑与调试工作，都可以在 CASE 工具的帮助下进行，甚至针对系统的维护工作都可以借助相关软件实现自动化处理。伴随着自动化程度的加深，软件开发的质量以及效率得到了大幅提升，同时，系统研发的成本也降低了。这里需要注意的是，CASE 不仅是一种辅助系统研发的工具，其本身就是一套十分复杂的企业管理信息系统。

近些年，国内计算机行业的从业者对于企业管理信息系统自动生成软件进行了深入研究。其中，由国家科学技术委员会研发的 Quick MIS 就是一个非常典型的例子。Quick MIS 具备丰富多元的统计图像以及声文并茂的登录界面，系统内部菜单的设计也非常简洁，方便工作人员操作，是一种灵活易用的数据库结构生成系统。与传统的系统设计软件相比，Quick MIS 具有快速高效的检索功能以及强大的统计计算能力。此外，Quick MIS 的卡片生成功能以及所见即所得的报表生成功能也进一步提升了该工具的实用性。

Quick MIS 运用系统集成化设计思路。这种先进的设计理念具有非常独特且清晰的体系框架。同时，Quick MIS 还具备全新的软件快速开发模式，其功能十分完备，可以满足不同需求的企业管理信息系统开发人员的工作习惯。这种强大的适应能力以及普及性让 Quick MIS 在面向程序设计人员的同时，也能被用户所接受。由于具有科学合理的操作界面以及强大的数据库平台，因此 Quick MIS 在面相软件开发者的时候，可以为其提供一个图文声并茂的多元开发环境。一方面，可以很好地支持多库操作，并在操作的同时保证数据库连接的方式不受限制；另一方面，可以自动搭建网络系统，无须用户介入。目前 Windows 操作系统可以完美兼容 Quick MIS，并且保证所有的操作界面以汉化的方式表现。在实际运用的过程中，可以生成脱离该软件而自主运行 FoxPro 源程序，同时可以根据程序员的设计习惯，将应用程序转化为".exe"文件，保证其具有良好的扩展性以及开放性。

(二)形式化

除自动化外,形式化也是企业管理信息系统发展的一个主要方向,特别是近些年,在汲取了数据库数据描述、计算机语言以及 AI 知识表达三个领域的研究成果之后,逐渐形成了一整套关于企业管理信息系统的形式化模型。该模型的主要特点就是对各种不同的软件开发方式进行合理利用,通过这种方式让设计出来的软件具有模块化特征。具有模块化特征的企业管理信息软件可以根据开发者的实际需求来进行各项附加功能的插入,提升整个系统的可扩展性,有效解决割裂系统分析与实践所造成的程序"沉淀"现象。

(三)社会化

伴随着信息技术的成熟,世界迎来了信息爆炸时代。作为一种社会性资源,应该如何高效地管理与利用信息就成了各个行业面临的新挑战。在这种背景下,信息资源管理(Information Resources Management,IRM)概念逐渐形成,IRM 概念的出现让管理信息系统的范围得到了拓展,不再局限于电子领域,让企业管理信息系统的出发点以及归宿都发生了质变。程序员在设计企业管理信息系统框架的时候,需要从 IRM 的视角出发看待这一问题,对信息的组成和利用问题进行谨慎安排,使之可以发挥应有的社会效益。

二、企业管理信息系统的实践与应用趋势

(一)自动化

企业管理信息系统的自动化应用中,非常典型的一个例子就是办公自动化系统(Office Automation System,OAS)。OAS 将多媒体技术与办公事务的处理工作巧妙地结合在一起。在 OAS 中,工作人员可以对各种信息进行文字处理、数字化处理,同时,也可以根据实际需求进行图像、声音等的处理。这样就增加了 OAS 的适用范围。

(二)集成化

企业管理信息系统的集成化发展满足了当今社会对大量信息进行快速处理的现实需求。在设计系统的过程中,要从集成的角度对整个系统进行宏观把控。

比如，计算机集成制造系统（Computer Integrated Manufacturing System，CIMS）是一种十分先进的现代化管理信息系统，由计算机辅助设计（Computer Aided Design，CAD）以及计算机辅助制造（Computer Aided Manufacturing，CAM）为主体框架发展而成。在机械加工制造企业中，CIMS可以将产品设计、市场预测、产品加工以及经营管理等各个环节串联成一个有机的整体，进而让产品、生产以及经营管理工作实现集成化和自动化。

（三）智能化

从宏观层面来看，企业管理信息系统逐步向支撑一个企业或结构中的各层级管理工作的方向发展。在这个过程中，基于企业的非结构化以及半结构化如何辅助决策的需求增加是急需解决的问题。为了解决这一问题，企业管理信息系统就要向智能化方向发展，利用AI技术、运筹学、计量经济学、应用统计学等对该系统进行优化，形成具有智能化信息处理能力的决策支持系统（Decision-making Support System，DSS）和专家系统（Expert System，ES）。

（四）开放化

企业管理信息系统的开放化应用可以让系统适应当前开放式的网络信息环境。一方面，企业管理信息系统可以使用其他系统中的资源；另一方面，企业管理信息系统中的信息资源也能被其他系统利用。这样，开放式的工作方式不仅可以提升资源的使用效率，也能增加企业管理信息系统的覆盖范围。就目前技术发展的情况来看，电子数据交换（EDI）和电子邮件（E-mail）是两个主要的开放化应用发展方向。利用这些技术，可以拓展企业与外界信息的交换效率。

第四节　建设企业管理信息系统的挑战

现阶段，企业管理信息系统的发展遇到了新的挑战，即将迎来一个历史发展的新高潮。美国著名学者G.B.戴维斯曾经在他的著作中表示，企业管理信息系统本身就是一个不断变化革新的概念。在信息技术不断发展的背景下，企业管理信息系统被赋予更多新内涵，具体的研究范围与内容也在不断扩展和延伸。新技术的出现使其概念得以在更深层次中、更大范围内以及更高水平上实现。另外，这样的变化还促进了开发方式、系统结构以及开发工具的改变。

一、经济全球化背景下的挑战

在目前的时代发展中，生产社会性已经完全形成了统一化、相互密切联系的综合性大市场。其中，合作和分工的程度也都远远超过了原先任何一个时期。在这样的系统中，合理协调组织就变成一件困难且重要的事情，所以信息处理和信息系统需求日渐增长，信息要素在整个社会中的地位也在不断提升。

（一）企业具有全球性

即便只覆盖国内市场的小企业，仍然需要面临激烈的国外竞争。由于全球化发展迅速，企业间竞争越发激烈，竞争无处不在。因此决定企业实力的要素已经不再只是企业规模的大小，创新与创造力变成主要因素。对此，就要求整个企业管理信息系统必须可以支持员工进行创新。

（二）企业要符合客户希冀

企业可以带来优质的服务与产品，可以满足客户的期望，但是要实现这一点必须明确客户的期望究竟是什么。企业通过企业管理信息系统能够直接从客户那里收集到期望信息，再对这些信息进行分析。其重点是研究大众的消费欲望。这就促使企业构建相应的数据库，从而保存其中有价值的信息。于是，企业管理信息系统就成为企业竞争的主要工具。

二、社会变革背景下的挑战

企业管理信息系统就是通过信息进行管理的一种系统。其构成部分主要是人和计算机。企业管理信息系统不但要深入考虑相关的技术问题，还要注重组织问题与人的行为问题，所以该系统又可以称为社会技术开放的系统，推动该系统发展完全是一场变革。特别是当使用信息技术能够推动系统功能提升和管理模式改变时，对企业而言，该推动过程不但包含信息革命，还包含管理革命。

（一）革命阻力

企业管理信息系统的推广应用势必促进社会的进一步变革，从而使企业组织以及各层员工的工作方式发生改变。一般情况下，它能够给基层带来的影响就是工作方式的改变，同时，也包括人员的减少以及工作效率的提升；给中层带来的影响就是权利结构以及组织结构的改变，同时，也包括职业的转移；给高层带来的影响就是管理幅度的扩大以及决策形式的转变。其中，基层使用的系统主要是数据处理系统，以此提升效率；中层使用的系统主要是信息控制系统，不但可以提升效率，还能够强化价值；高层使用的系统主要是决策支持系统，以此提升效益，寻找更多的机会。将企业管理信息系统运用到各个层次之中，会产生相应的影响，但也会产生相应的阻力。

基层中的数据处理系统代替了一部分人的工作，因此极易出现员工工作压力过大或者失业的情况，也有一些人不愿意学习新的内容，或者不放弃原先的工作方式；中层阻力是非常严重的，他们主要是害怕管理方式、组织结构和权利结构发生变化以及自己在变化中受到的影响与自身是否能够适应这样的变革。企业管理信息系统也会给高层带来相应的影响，高层需要面对的主要问题是怎样有效认识这些变革的重要性、怎样去处理眼前利益与长远利益的关系以及怎样有效克服阻力，等等。这就要求高层必须将管理模式和企业管理信息系统开发充分结合在一起，找到问题的关键所在。虽然高层对企业管理信息系统的技术并不完全了解，但是他们会领导系统开发过程，因此其开发工作基本没有失败的。

虽然从全局来看，所有先进的生产力都不会给职工带来生活质量降低以及工作岗位减少等不良影响，只是会产生工作岗位的转移。但是，要想真正让所有人消除误解，改变传统的工作方式，并对手工作业的经验和程序进行共享，积极承担信息收集工作，则需要组织领导作出决定，相关工作人员共同努力。

（二）变革繁复性

企业管理信息系统的应用具有很大的复杂性。首先，需要考虑用户需求的多样性以及资源的密集性。除此之外，更关键的是要进行管理制度、管理思想、管理方式、权利结构以及大众习惯的变革。其次，在开发和实现企业管理信息系统时必须明确一个重大问题，即系统的构建势必推动管理体制以及整体组织结构的改造，从而使企业管理产生巨大的变化。这个过程可能会导致工作流程改变、重新划分职权、重新分工、重新设计企业组织以及新型扁平化组织结构的产生。为此，要把企业管理信息系统建设和企业流程再造这种新型的管理与创新思想方式相互结合，以更好地适应社会与企业发展的基本需求。

三、电子商务崛起背景下的挑战

在现阶段，很多企业都开发了企业管理信息系统。该系统在企业的集中管理模式方面发挥了巨大作用，但是却无法适应分散和移动式的管理模式，这就给该系统提出了一些新的要求。比如，某个企业有很多在外工作的营销工作者，企业要随时对其进行有效的评价考核和管理，而运用 Web，企业管理信息系统就能够有效解决这个问题。目前以 Web 为基础的企业管理信息系统已经发挥出越来越最重要的作用，比如，网上购物、数字化图书馆、税务信息管理、高校研究生综合管理等。这些信息系统的有效发展和电子商务之间有着极为紧密的关系。

电子商务就是通过互联网开展的各类商务活动，在全球信息网之下，它能够实现各类信息流、物质流以及资金流的交互，促使买卖双方在互联网上发布相应的信息内容，进行商务签约和谈判，实现资金的结算与商品的配送和售后服务等。电子商务就是在商务信息和互联网的基础上发展起来的一种新型商务模式。它的有效发展必将加大对信息处理的依赖程度，对企业管理信息系统提出更高的要求，开辟更多新的发展领域。这样的模式变革一定会引起整个系统的概念、方法、理论以及技术的进一步变化。

若要建立一个针对电子商务的企业管理信息系统，就要对企业在电子商务中的信息需求和信息流特征进行研究。目前，其信息流的主要特点有：第一，具有广泛的覆盖面，在全球化、网络化的基础上进行信息交互；第二，具有强大的互动性、实时性以及可操作性；第三，具有很大的复杂性，种类多样、流动速度快且信息量较大；第四，共享性、安全性的管控较为复杂。

电子商务的重点在于信息，一般通过互联网实现厂商和客户，上、下游企业，认证机构，网上银行之间的联系，由此形成一个完整且庞大的虚拟企业系统，而企业管理信息系统则能够实现信息资源的有效管理和应用。因此，企业管理信息系统不仅是企业实现电子商务的基础，还与企业的电子商务紧密结合，在更为广阔的领域中进一步发掘和利用信息资源，使其成为信息社会中最关键的战略性资源。这样的结合使企业管理信息系统在结构与内涵方面都产生了新的变化,其中,最关键的就是互联网的发展。在互联网发展的影响下,企业管理信息系统得以开辟出新的天地。比如,在互联网组织内联网和外联网结构的基础上,创建组织企业管理信息系统的崭新平台。

在互联网的基础上建立起来的企业管理信息系统必须具备以下几个特点。第一,互联网是企业管理信息系统的重要基础和环境。它可以确保企业管理信息系统成长为具有更大的开放性和更广泛分布式管理的新型系统。第二,要有更为深入的应用。企业管理信息系统的运用重点应该从其中的各个环节转变成和商务活动相关的部门、企业与客户。系统管理的重点也应该从产品生产管理渐渐转为客户信息管理。第三,面对庞大的数据资源,系统管理应该从应用业务数据资源管理转变为管理信息资源的进一步挖掘,重点向知识管理和应用的方向转变。第四,企业管理信息系统的主要目标是在相应的范围内实现资源的集成性利用。它必须成为用功能更强大、任务更复杂且使用更简单的集成化系统。

四、信息社会背景下的挑战

进入信息社会后,企业急需更多的新型资源系统与管理人才。

第一,企业管理信息系统需要发展成为信息社会中的一种新型资源系统。在信息社会中掌握知识的人,通过技术开发、管理和应用信息资源。关键资源共有三种:信息、信息技术以及知识工作人员。组织最关键的任务就是要让这三种资源组合在一起发挥出重要的作用,以此获得组织生存的竞争力。作为企业中的一名管理人员,只有善于运用信息、信息技术以及人才,才能够取得成功。不管对于开发者还是使用者,若这三者不能相互协调,则企业管理信息系统就无法获得成功,信息也无法按时提供给真正需要的人。在信息社会下,相关工作人员不但要学习信息技术和相关的专业知识,还要对三种资源相互融合的问题进行研究,因此,合理开发、规划、管理和应用企业管理信息系统是目前需要重点研究的内容。

第二,培养出新型的管理人员。人在任何环境和系统中都是非常积极的因素,人的素质与工作能力直接影响信息活动的基本效率,因此,可以说企业管理信息系统也是对知识工作者的挑战。20世纪70年代，企业中的信息技术主要强调业务流程与管理体制，管理人员和技术人员并无往来，这就导致企业管理信息系统的发展受到一定影响，但是随着这两类人员的相互交流，那些既懂得管理又了解技术的新型管理人员迅速成长起来，使信息技术逐渐成为一种极为便利的工具。

第二章

企业管理信息系统的开发

过去,人们对企业管理信息系统开发的复杂性缺乏足够的认识,认为企业管理信息系统无非是"大程序"。缺乏或不注重运用科学合理的企业管理信息系统开发方法,这是导致失败的主要因素之一。我们必须吸取这种教训。

第一节 开发任务与原则

为了能够应对更多的经济业务以及数据信息,越来越多的大型企业在确立自身战略目标的背景下逐渐引入企业管理信息系统,希望能够提高自身的经济效益并明确各个发展阶段的生产任务。

一、企业管理信息系统开发的任务与目标

(一)企业管理信息系统开发的任务

企业管理信息系统主要是在计算机技术日益发展成熟的背景下被正式研究和发展起来的。企业管理信息系统以计算机技术为发展基础,以通信设备为传播媒介,以系统软件为基本结构,构建了一套符合自身运行情况的系统软件。企业管理信息系统不仅可以帮助企业最大限度地减少经济负担和降低劳动成本,还能够将搜集而来的数据应用到更多的部门工作中,在真正意义上实现资源共享。数据编程由于工作比较简单,编制出来的程序能够同时应用于很多工作场景,在运行之前只需要保证软件结构的完整和精确就能够实现预期的目的,因此它受到了

很多大型企业的青睐。但是，由于我国的计算机软件技术发展还不是很成熟，因此在搜集数据和分析资料的过程中面临很多问题。这些都是当前软件开发过程中需要探讨的。

传统的计算机工作模式是根据已有的设计方式去分散处理搜集而来的信息。这种工作方式不仅效率低下，而且精确度不高。当计算机技术发展到人工智能阶段后，企业管理层完全可以借助计算机技术全面管理企业的各项业务。在实施管理的过程中，唯一的工作就是将经营活动的范围、任务、目标以及流程数据全部搜集到一起，然后利用计算机系统将这些数据进行统一编排和处理。当然，由于这个过程可能会涉及一部分数据模型，管理人员最好能够充分理解这些数据模型。软件管理是一项比较复杂的工作体系，不仅需要设计单向的简单结构，还需要设计很多计算程序和流程。

系统开发的目的是帮助企业构建属于自身的企业管理信息系统。从系统整体的角度去思考和研究问题，运用工程设计的方式遵循当前的软件开发规律，构建符合企业生产标准、市场发展潮流的软件管理系统是该程序工作的核心重点部分。

系统开发通常是用来解释计算机软件开发环节中，软件从设计到运行的整个流程的。

（二）企业管理信息系统开发的目标

企业管理信息系统建设之初需要考虑具体的经济投入、多个方面的专业内容以及企业实际的经营运转情况。对于比较特殊的大型企业而言，还有外部其他方面的限制，所以应该对其进行仔细判定。

1. 总体目标

企业管理信息系统主要依据以企业决策层初期计划方案所提出的建设要求为标准，同时，在开发的时候还需要兼顾经济效益和实际使用情况。在已经发现的问题的基础上利用现有资源向周围发展，先从比较简单的数据类型入手，然后逐步向上一级的管理层发展，最终解决问题。

系统开发的主要原因是旧有系统不能够满足市场用户的需求，或者内部本身存在较多的漏洞而被市场淘汰，因此，新系统应该能够在原有基础上对存在的漏洞进行分析和弥补，以构建经济效益较好的新系统。

企业管理信息系统的开发过程应该本着完整、高效、简洁的原则，在运行的过程中不仅要保证不会出现较大的运行故障，而且要方便施工人员进行操作。这样不仅有利于节省时间，还能够提高运行的效率。当然，设计人员应该充分利用已经开发的资源，争取以最少的消耗换取最大的经济效益。

2. 具体目标

1）营造良好的外部环境

（1）外部硬件工程应该包括先进的计算机硬件设备以及稳定通畅的通信网络设备，保证各个部门在信号流动时能够及时共享信号。这样才能为资源的流通提供便利条件。

（2）在构建一体化的工程管理条例的同时，保证后期的开发活动都是在这个范围内进行的。这样系统才能够稳定持续进行。

（3）在已有的系统软件上，还应该建立一个比较高效的优化分析系统作为辅助。

2）信息数据采集

企业管理信息系统的主要职责在于帮助处理和分析搜集而来的信息。整个系统所有的建设部分都应该以信息的采集、分类、处理为基本中心进行，并且新建设的系统应该能够做到以下几个方面：

（1）建立符合自身生产情况的数据管理系统；

（2）建立信息量比较基础的数据库；

（3）建立部门和部门之间交流的信息系统。

传统的人工管理模式都是按照生产部门职责的不同具体划分管理的范围，各个部门的任务主要以自身的特点去要求管理模式以及信息加工方式，但是这样的管理模式在当前信息爆炸的情况下会出现很多管理漏洞以及信息重复的情况。此时，搭建部门之间的管理媒介是非常有必要的。

3）功能目标

（1）数据处理功能。该功能能够将搜集而来的信息资料分类到不同的派别中进行存档和分析，排除错误的信息数据。

（2）预测分析功能。利用线性回归模型将具体的数值代入从而计算出未来的具体走向。

（3）辅助判定功能。由于内部带有数学计算软件，因此可以建立相应的数学模型，将实际的数值带到模型中检测运行情况从而得到最优的结果和决策方式。

（4）中心掌控功能。将事先拟定的计划按照工作进度以及执行情况进行对比和分析，了解计划和实际情况之间的异同，将差异部分利用系统计算软件进行模拟检测，找到故障的原因。

（5）公共信息服务。企业管理信息系统不仅能够给上级部门及时补充和扩充缺失的信息资料，还可以给下面的其他部门及时传输资料。

二、企业管理信息系统开发的特点

企业管理信息系统是现代计算机网络科学发展成熟的主要体现。该系统作为应用办公系统，其开发流程的专业要求也是比较高的。与一般软件的生产开发流程不同，其主要具有以下几个方面的特点。

（一）复杂性高

目前，市场中的企业都被定义为不确定性较高的系统组织，尤其是私营企业，其在经营过程中会受到外部市场环境以及政策的干扰，具有很大的不稳定性。对于内部组织而言，企业还应该根据自己的经营活动范围和目标制定比较合理的管理系统，其自身在不断扩大规模的同时，内部系统的结构也会变得更加复杂，但是，对于企业管理信息系统而言，这又是一个包含复杂学科的工作，不仅涉及数学、统计学、力学等内容，甚至会涉及哲学的内容。每一个被涉及的部分都会牵扯到不同部门人员的参与，任何一个步骤出现常识性的基础错误同样也会影响使用的效果。随着科技的发展，这种趋势也将变得更加明显，因此，企业管理信息系统的开发也是未来比较重要的一个研究课题。

（二）创造性活动

软件开发工程是当代设计师创造力的主要体现，从事系统软件开发的工程师不仅需要保证系统具有以往系统的功能，还需要在此基础之上将更多的活力融入系统，因此，传统的计算机思维在这样的背景下也就不再适用，设计研究人员需要尝试用新的角度思考和研究问题。这样,设计出来的产品才能够在市场中获得持续的支持。

(三)质量要求高

质量要求可以分为两个层面,企业管理信息系统的构造结构是一个内部衡量质量的标准。与生活中某些生产出来的实体商品不同,它们可以用具体的标准参数来固定生产的标准,但是,系统的质量无法用一个固定的规格进行衡量,如果存在这样的标准,那么这个标准的核心就在于能否满足用户的基本使用需求,也就要求工程的设计开发人员能够和用户做好交流工作。

企业管理信息系统作为软件系统的一个分支,在研制和开发的过程中任何微小的失误都可能影响整体的运行效果。某些实体商品在投入使用的过程中,虽然局部的失误可能不会影响使用效果,但是所有的软件产品一旦投入使用,任何一个程序的失误都会造成系统瘫痪。

企业管理信息系统在制造的最初环节必然是不成熟的,因此,如果站在质量的角度分析,可以将其称为原系统或者源代码,需要在后期不断进行改善和修复。新编的系统不仅需要能够完全继承原本系统的优点和使用功能,解决随时可能出现的问题,还需要留有一部分存储空间去应对后来使用者的新需求,从而收获持续的经济利益,但是如果新系统无法在性能、效率以及速度方面满足使用需求,那么用户将会退出新系统,转而应用原来的工作模式。

(四)产品是无形的

软件的开发流程比较特殊,相比传统制造行业,软件开发和利用的整个过程涉及二进制代码,因此人眼是不能直接观察出编写过程中的相关疏漏,所以对质量的控制要求比较精细,不能出现任何微小的疏漏。所有研发出来的软件最终都存留在计算机系统中,它们虽然都是由人工编写和制造,并且可以被阅读的,但是由于人的技术水平不同,因此同一款软件存在不同的表现形式。

(五)历史短,经验不足

传统手工生产制造行业的历史比较悠久,在中国几千年的发展进程中具有比较丰富的经验沉淀,而互联网软件技术行业的发展在世界范围内不过数百年历史,不仅技术不够成熟,经验也不是很丰富,因此未来的研究还将继续。

三、企业管理信息系统开发的指导原则

（一）用户至上原则

企业管理信息系统本质上具有较强的特殊性，其开发就是为了用户使用，所以其开发也是围绕着用户，为用户提供服务的。企业管理信息系统的开发成功与否，完全取决于其是否符合用户的需求，因此在具体开发过程中，最为根本的一个原则就是用户至上原则。满足用户的需求，从用户的利益及使用的角度出发，是相关操作中十分关键的内容，更是最为核心、最为基础的原则之一。在具体开发过程中，开发人员必须与用户保持紧密联系，时刻了解用户的需求，围绕着用户的需求和意见进行相应的操作，同时，还需要为用户引入一定的管理理念、管理方法，进一步让用户的需求与实际情况契合，使系统更加高效可靠，并对其效果进一步进行针对性的实际优化。

（二）实际性与高新性原则

若脱离了实际应用，则系统的最终效果会出现问题，成效方面也会存在不足之处，甚至会被闲置，无法投入实际应用。在具体开发过程中，根本原则之一就是要适用，要充分贴合实际情况，明确管理需求以及管理应用的要点，有针对性地进行应用。如果失去应用价值，那么系统会失去生命力。应用的价值和意义非同小可，关乎后期系统是否能有效使用，同时，技术方面也需要及时更新，系统的先进性、高新性特点不容小觑，二者之间存在着很大程度的联系。一方面，在操作过程中要把实用性放在第一位；另一方面，需要避免低水平重复开发，要尽可能应用高新技术改变现阶段应用过程中的常见问题或者不足之处，从而促使行业领域积极发展，保障新系统在具体应用过程中不会在很短时间就落伍或者被淘汰。只有这样，才可以控制最终实际应用的效果，避免出现企业管理信息系统投入应用后不久技术就落后的情况出现。

（三）分工合理原则

企业管理信息系统是一个人机系统，这说明相关管理工作并非全部由计算机完成的。只有人和计算机配合，才可以达到最佳效果，如果二者配合不好，或者分工不够合理，就很容易出现诸多问题。在现阶段的实际操作过程中，必须关注

人机合理分工的问题，只有人机彼此配合，取长补短，才可以有效控制最终效果，规避常见的问题和不足之处，为最终工作成效作出保障。信息数据量相对较大，这就意味着人工处理方式复杂而难度较高，消耗增加，因此可以利用相应的措施将复杂模型、反馈较慢的信息处理工作交给计算机来完成，从而提高最终工作效果和工作效率，为工作质量提供保障，也方便让管理人员进行更加精细的工作，辅助进行相关工作效果和成效的优化。在分工方面，对于数据量较大、反馈较慢、手工较为复杂的工作，均可以分配给计算机，而数据质量差、难以标准化、不需要反复使用和存储的工作则可以分配给人工。这样一来，合理分配，可以更好地优化最终工作成效和工作质量，若不能有效分配，则很容易带来一定的质量问题，出现效率方面的负担。

（四）整体性原则

任何信息都是整个企业管理信息系统中的一个子系统，但这样的子系统并非是最小单位，其自身还可分解为更加详细的子系统，甚至更小的系统。正因如此，系统开发要从全局出发，统一规划，统一目标，考虑子系统与整个系统之间的密切联系和相互作用，明确系统之间的包含原则、系统之间的包含关系，以及整体系统和外部环境之间的关联。只有明确这些相互作用、相互关联关系，才可以避免出现冲突或者重复的问题，从而实现统一硬、软件环境，更加便利、便捷地进行整体的系统管理和维护。

（五）企业级领导负责原则

系统开发的前提条件之一是必须有专职部门或者机构来负责，尤其对于企业来说，如何运行庞大的系统也是一个较为关键的问题，因此，实际操作过程必须由企业级领导负责，这样就可以确立系统开发内容、规模和时间，对整体运行目标更加了解，后续开发过程中的效果也可以达到最优化，避免出现开发和运作的成效问题或者目标和规划问题。在实际操作过程中，系统开发会涉及企业内部、外部的所有内容，例如，管理体制改革、机构调整、重大进程安排和企业资金筹集等，因此只有企业领导才可以更好协调组织，然后有针对性地落实。在这一过程中，其自身也可以起到一个较为明显的有效监督检查的作用，然后在后期采取硬性措施并执行相关制度。正因如此，在具体控制与开发的过程中，只有企业领导直接负责管理，才能保障后续工作得到有效的落实，优化最终工作效果。

（六）数据为主原则

数据是所有开发过程中最为关键的内容，没有数据的企业管理信息系统毫无用武之地，无法有针对性地发挥自身的作用和价值。不断开发的过程就是不断对数据进行收集、传送、处理和存储的过程，然后进一步提供相关所需信息，对信息进行甄别并进行一定处理。对于各类数据来说（尤其是基础数据），采集、代码化、结构化和录入、存储、共享，都是整体系统开发和应用的核心关键点，也是整体操作的难点，需要不断积极进取，合理开发，进行针对性优化，才可以保障最终的效果。值得一提的是，数据为主原则也是贯穿实际操作过程的一类操作，必须坚持这一原则，才可以保障系统得到有效运转，优化最终效果。

四、企业管理信息系统开发的基本任务与条件

（一）科学的管理基础

在诸多基本条件中，科学的管理基础是尤为关键的一个条件，其价值和意义非同小可，只有满足该条件，才可以保障后期开发的效果和成效，为最终开发质量提供保障。企业管理信息系统首先建立在科学管理的基础上，只有在管理体制合理、规章制度有效、生产秩序稳定和管理方法合理的情况下，才可以保障其自身发挥较为明确的作用。另外，在实际操作过程中还必须有完整的原始数据，确保系统发挥其自身良好的作用，规避常见应用的风险和问题。在实际操作过程中必须满足五个条件，才可以确保科学管理，即确保所有管理方法与企业实际情况密切联系、互相贴合，制定管理决策之前确保其自身可行，标准化管理工作，规范化信息载体，精准完整化原始数据。这几个条件缺一不可，尤其是标准化管理工作，日常工作必须明确化、标准化，让所有人员都明白工作规范，保障管理工作顺利有效进行。规范化信息载体，主要是必须确保各类载体格式统一、内容完整，不会出现重复或者错误。要保持原始信息完整，就需要对原始数据进行一定的处理，确保其自身满足相关规范要求，达到预期标准。这样才可以保障最终操作的成效，规避常见的风险，避免出现质量不合格的问题。

（二）领导重视与人员参与

开发工作本来就具有较强的复杂性，其涉及企业机构的体制、规章制度和业务流程以及人员等多方面的因素，还与统一数据编码、统一表格形式等有着密切联系，因此这不是技术人员能单独实现的，还需要领导重视和参与人员彼此配合。一方面，领导需要对此类系统高度关注和充分重视，正确认识相关系统的价值和意义；另一方面，领导需要调动人员在实际操作过程中的参与积极性，从而提高最终的工作水准，让员工积极参与新系统的开发和使用工作，优化最终工作的成效和效果，达成相关任务目标。

（三）专业技术队伍

专业技术队伍应由多种技术人员构成，技术人员的业务能力对整体开发任务有很大程度的影响，因此，在具体操作过程中，必须具备一支专业能力过硬的技术队伍。在专业人才方面，具体要包括系统分析员、设计员、程序员、数据员、系统维护人员。首先，分析员主要对开发可行性进行分析，对旧系统进行调查，对新系统的技术和目标进行一定分析，然后逐步分析开发方法等，而设计员主要负责组织设计，其对管理、硬、件软件等都需要充分了解。其次，数据员主要负责与业务员一起收集、整理和输入数据，完成相关工作。维护人员主要负责系统正常操作和软、硬件，网络通信系统的维护工作，保障系统正常运行。

技术队伍必须相对稳定，拥有较强的业务能力，既要懂技术，又要具备较强的管理能力。

（四）物质基础

在物质基础方面，必须有一套计算机一级网络通信设备，还需要有充分的设备配置费、设施配置费、系统开发费、系统运行以及维护费用的支持。这几部分都是相对常见的经济开销，只有满足这些条件，才可以保障最终效果，规避常见的风险及问题，优化最终工作的效果，为整体操作成效作出保障。物质基础具体包括硬、软件，输入/输出设备等的支持，而且还需要有场地，例如，机房、电源房、空调房、操作台，同时需要系统开发费用的支持，包括人工费、编程与调试费用等，以及维护人员工资、日常维护与护理费用等。

第二节 开发方式与人员

一、开发方式

在信息处理和管理系统无法满足部门工作的情况下,要进一步对企业管理信息系统进行开发,以实现更好的发展,从而提高工程效率,并进一步提升信息数据处理方面的能力,促进企业的结构改革,使企业发展更加稳定,要在原有的信息基础上,建立新的管理信息模型模式和系统。一般来说,主要有自行开发、委托开发、联合开发和购买软件包四种方式。对企业管理信息系统进行重新安装或者开发,可以更好地利用企业管理信息系统进行工作,实现开发方式的进一步发展。

(一)自行开发

所谓自行开发,顾名思义,就是依靠企业自己的能力和技术进行开发。该开发方式要求企业具有高水平的技术能力和计算机控制团队,可以对系统的开发起到把控作用。对人员方面的调配和对开发工作的分配,可以使整个开发过程更加合理,更加协调,还可以促进企业内部环境的和谐。在运行过程中对自行开发的系统软件可以进行更好的弥补,对其中的问题进行直接修复,而且查找故障也十分方便。还可以对自行开发的系统进行多方面的扩展,实现整体化的发展,添加更多功能,实现系统的多样化和全能化。自行开发费用相对较低,使用时间更长,更加符合企业的发展情况。自行开发的主要目的是促进系统与企业相适应,自行开发的系统会全方位符合企业的发展过程,更好地促进企业健康发展,但是由于自行开发方式对企业的技术要求比较高,因此只有投入较大的科技力量才能够研发出全新的系统,促进企业不断发展。

(二)委托开发

委托开发方式是企业将自己的企业管理信息系统开发工作委托给相关的计算机企业或者科研院所,研究设计相应的系统,供企业使用。以该方式开发的系统较为平庸,不能突出企业的特色。科研院所或软件公司做出来的系统大部分偏向大众化，虽然能够适应更多企业，但是无法将个别企业的特色体现出来。如果要安装与本企业相切合的系统，就要花费大量资金对原有系统进行修饰和加工，实现整体的一致化，所以利用委托开发方式进行开发所需要的费用是比较多的。此外，在安装检验过程中，还需要投入大量的人力，实现结合的整体化。在运用过程中，由于委托方并未参与系统的开发过程，因此对于系统的构成、组成都不甚了解，在后期出现问题时还要投入资金聘请专业人员进行修复，无法自行补救。企业还要对系统进行长期监督，以保证其符合企业的发展需求。

（三）联合开发

联合开发方式是将自主开发与委托开发相结合，在委托开发的基础上添加企业自己的科技能力，使两方面的设计人员相互沟通，相互了解，使系统既充满高水平的科技含量，又与企业相适应。通过两方面的相互配合，可以使系统建设更加完善。

在联合开发方式中，投入的费用是比较低的，这对于企业的系统分析人员、系统设计人员的培养很有益处。企业能够按照本身的业务流程以及用户需求进行开发，这符合企业对系统的要求。由于有企业的技术人员参与，他们对系统的结构，软、硬件的情况比较了解，因此当系统投入运行后，他们很容易对系统进行维护，可保障其长期稳定地运行。

联合开发方式是目前最常见的开发方式。联合开发方式要求企业具有一定的科技能力，并且具有一定的资本，能够支付得起科研院所的开发与研究费用。

（四）购买软件包

在系统需求十分紧迫的情况下，可以选择购买软件包方式快捷地进行企业管理信息系统安装。购买活动软件包可以对软件包内部的系统进行合理安装，实现高效化的管理效果。

软件包的后期维护所需费用较高。由于软件包是依靠其开发商进行维护的，因此需要缴纳一定的软件维护费用，这样才能够及时修复软件包内的漏洞。

在购买软件包的过程中，要先了解软件包的实际操作对象和功能，因为只有购买符合本企业发展的软件包，才能实现高效的管理效果，如果选择错误，则会造成成本浪费。

在系统开发过程中，将以上一种或两种方式结合使用，可以更好地促进企业管理信息系统的高效化和准确化，并加强企业在信息管理方面的能力。

二、人员

提高企业管理信息系统开发人员的素质与技能，才能使企业管理信息系统的开发更加高效，对企业管理信息系统的创新与发展起更好的帮助作用。因为思维的创造是由人所产生的，所以通过各层面人员的思想的集中可以产生思维碰撞的火花，可以更好地对系统进行分析和提升，使整个系统的建设更加合理化、完善化，使系统更适应企业的工作情况。通过创新的思维对系统的缺点进行改进，将系统的优势进一步加强，可以为企业创造更多的利益。

（一）分析和设计人员

要通过专业渠道聘请分析和设计人员。分析人员主要对系统进行分析，即对系统的结构、功能特点、显示效果等进行分析；设计人员主要针对分析人员所整合的结果，在其基础上进行系统的设计，使系统更加精炼，以最少的消耗实现高效管理的效果。要重视系统分析和设计人员的选择，他们不仅要具备高水平的专业知识，还要有一定的工作经验，能够针对不同的要求进行不一样的分析和设计，能够对企业所需要的系统建设进行描述与设计。系统分析员要结合已知要素对整个系统的建设要求进行分析，以保证设计的准确性和高效性。

（二）技术人员

技术人员主要是指开发部门和使用部门的技术人员。对开发单位的计算机操作人员来说，只有拥有高水平的计算机能力才能对系统进行开发，对使用部门的技术人员来说，要对系统有更好的理解能力，并在理解的基础上对系统进行维护，以减少企业在维护方面所耗费的资金与成本。在系统的建设过程中，需要这两方面的人员对系统进行全方位的了解，在使用过程中，可以根据系统出现的各种现象进行分析并总结，这样就可以对系统的内部结构进行更好的理解，方便以后的维护与调试，保障系统使用的时间更长。

（三）模型设计员

企业管理信息系统的建设过程需要模型设计员，对经济管理模型进行设计，然后将设计的模型与系统结合,根据具体的问题进行系统设计,解决现实中存在的问题。在系统中,可以将现实中的各种问题的参数和信息数据进行录入,由计算机给出相关的处理方案和建议,帮助问题的合理解决,因此在经济管理过程中需要模型设计人员对现实中的问题进行模型化设计,以方便在计算机中解决问题,并且在设计过程中还要将各种信息进行数据化和参数化,以方便将文字信息向计算机语言进行转化,以实现模型建设与问题解决的高效化。

(四) 数据人员

由于在进行模型建设的过程中,需要将参数和数据输入系统内才能给出相应的建议和解决方案,因此需要对数据的输入进行合理的安排,保证输入的准确性,并且在数据管理人员方面也要进行专业的培训。配备一定数量的数据管理员和高水平的数据输入员,才能够将数据结果输入得更加准确。现在的计算机系统都要建立数据库,数据管理员可以对数据库内的数据进行良好的管理。数据输入工作可以影响问题的解决效果和速度,数据输入如果出现错误则会导致问题解决出现问题,如果数据输入速度较慢,则会严重问题影响解决速度,因此,数据输入员也是十分重要的,要加强对他们的培养,努力实现数据输入员工作能力的不断提高。

(五) 用户

用户一般是委托方,用户委托专业的计算机企业进行系统的开发,因此系统开发应该满足用户的需求,用户才是系统开发所要应对的主体人物。要充分了解用户的需求,同时,对用户这一概念也要充分了解。在系统开发过程中,要注意用户的要求,才能使系统开发更加准确,使用效果更佳,性能更加完善。

(六) 操作人员

由于系统操作人员不一定具备专业知识,因此在系统设计过程中要考虑到这方面的问题,设计简单、清晰的系统操作界面,以便没有较高专业知识的人员也可以轻松地进行操作,这也是建设一个好系统的必然要求。此外,操作人员对系统的使用寿命来说有极大的影响,在使用系统时,不规范操作在短时间内就可能使系统出现大量漏洞,所以企业要不断加强对操作人员专业能力和规范操作的培养,才能使系统使用时间更长,并且还可以使系统发挥其实际价值,创造更多的利润。

系统开发的准备工作如下：

系统开发需要一个团队，在系统开发之前要分析和了解系统的使用对象，对其进行初步的调查，获取系统开发所需的条件。在系统开发过程中，还要对系统的使用频率、使用程度和责任范围进行了解，分析系统并给出相应的设计方案，通过多方面审核来判断设计方案是否可行，如果发现问题应及时进行反馈，由设计方再次对系统进行改进，待审核完毕后才可以进入开发阶段。

在系统开发过程中需要成立开发小组，由专门人员对开发小组进行领导，在开发过程中遇到决策问题时，由该领导人进行决策，该领导人在进行决策时要结合用户和开发等多方面的情况进行综合分析，给出明确的判断。小组领导还可以更好地解决资金、设备、人员等方面的问题，实现系统建设的高效化。

这里以联合开发方式为例，需要企业本身的技术人员和计算机企业的技术人员相互合作，由软件、计算机硬件和业务等相关方面的人员给出准确的信息完善系统的建设。系统开发完成后，在单位内和企业内进行调试时，要对员工进行统一的计算机能力水平培训，使员工可以更好地使用系统，发挥系统的实际价值，使系统调试进行得更加顺利，为系统的后期使用奠定基础。

第三节 企业管理信息系统开发方法的形成与分类

一、企业管理信息系统开发方法的形成

在科学合理的指导下，要进行企业管理信息系统的进一步开发，就需要制定开发方法。针对具体的问题合理选择开发方法可以实现更好的开发效果。目前，我国对系统开发方法的探讨已经进行了很长一段时间，也形成了较多的开发方法。

20世纪60年代，由于科技革命和信息化快速发展，系统开发方法方面呈现出多样化发展的态势，实现了多种开发方式迸发的现象。随着软、硬件的不断发展，计算机的计算能力不断加强，系统开发和程序设计的技术也有了大幅度提升，可以更好地解决开发方法缺乏所导致的问题。但是，目前软件开发越来越多样化、

多元化，开发数量较大，其质量和效率就无法得到保证，因此要进行系统的学习。对软件开发和系统建设等相关专业知识的学习，能够帮助人们更合理地使用计算机，设计出有效、绿色健康的软件。开设软件工程学科可以更好地促进软件工业和系统开发不断发展，将软件与工程相结合，即通过大规模的整体化生产效果实现软件的工程生产，达到服务大众的目的。

软件系统是企业管理信息系统的重要组成部分，针对软件系统的重点分析有助于企业管理信息系统的开发。在企业管理信息系统的开发过程中主要是针对硬件和管理两方面开展工作，因此其主要划分为五个阶段。根据系统建设要求进行总体规划，由系统分析员进行系统分析，由系统设计员做好系统设计。

总体规划就是根据企业管理信息系统建设的工程要求和具体资源要素进行分析，结合具体的客观要素和可能出现的偶然现象进行考虑，给出相应的预留空间。在系统分析方面主要是根据委托方的建设要求，提供系统建设的多种方案，分析其可能出现的结果，并针对这些结果做出相应的图表结构，供委托方选择，待委托方选择完成后，再移交系统设计人员。系统设计主要是使系统建设更加精简，使其能够在较小的消耗层面发挥作用。在系统实施之前要进行系统的调试，这需要在委托方企业内进行调试。系统实施主要包括编程、安装调试和测试以及最后的运行使用几个阶段，对每个阶段都要给予高度重视。在系统评价与维护过程中，主要是结合系统的工作情况，解决系统出现的问题和漏洞，使系统的使用寿命更长。在通常情况下，开发阶段主要包括分析、设计和实施，可以将这三个内容综合起来，使之相互配合，以提高系统开发的效率。

二、企业管理信息系统开发方法的分类

企业管理信息系统开发方法可以分为结构化生命周期法、原型法和面向对象法。

（一）结构化生命周期法

分析与了解问题，并在其基础上进行系统的建设与维护，通过系统的建设与维护达到解决问题的目的。这是先分析，再设计，最后编程，从而解决问题的一种工作方式。其主要针对系统生命周期中的开发阶段进行工作，实现系统开发的

指导性意义。

（二）原型法

针对用户的问题，在网络中模拟一个相似的问题，并通过系统的建设解决该问题。如果用户对问题解决的结果并不满意，只要对系统进一步优化，对其设计水平进一步提升，并结合用户所给的意见，再一次解决该原型问题，待用户满意后，该系统建设才较为完善。

（三）面对对象法

针对问题进行剖析，将其进行分类和分化，针对其中各种信息的联系来解决问题，主要是通过对面向对象的软件工具的使用，以及对数据等抽象信息的了解与分析，达到系统建设的最终目的。

第四节 企业管理信息系统开发方法的评述

一、企业管理信息系统开发的结构化生命周期法

（一）方法概述

企业管理信息系统开发的结构化生命周期法的起源地是西方工业化较为发达的国家，因为这些国家的经济、科技、工业技术等发展较为成熟，为这一方法的提出创造了客观条件。这一方法是综合了多种旧式系统的开发经验和教训而逐步形成的。结构化生命周期法具有以往的系统设计方法无法比拟的优点，主要体现在其本身特点和工作形式上。这一方法非常适用于体系较大的企业管理信息系统，能够很好地辅助系统正常运行，不仅能够保障系统运行的平稳性，还能够最大限度地保证其经济效益不受损害。

（二）特点分析

1. 以用户需求为根本出发点

若想做好结构化生命周期法的分析，应从其本身特点出发。结构化生命周期法是以用户需求为根本出发点的，系统必须以用户的需求为第一运行原则，同时为了进一步适应用户需求的变化，需要在开发工作前期就对实验用户进行意见的

征求收集工作，在多方的协调交流下更好地把握系统运行的方向性和准确性。

2. 分阶段操作

结构化生命周期法会根据信息系统提供的生命周期对工作阶段进行合理的划分。这样做能够保障每个阶段的任务数量和任务目标都非常明确，可以大大降低任务冲突或者任务重复的发生概率。分阶段的任务划分方式，大大降低了工作任务的复杂性和难度。值得注意的是，工作的进行必须严格按照阶段顺序，不允许跨阶段工作，所以这种形式能够保障每个阶段工作的扎实性，不会因为过分强调工作效率而出现质量问题。

3. 制定阶段成果审核制度

基于这一方法的分阶段工作管理形式，需要制定相对应的阶段成果审核制度。从本质来说，它与分阶段工作形式是相辅相成的，其主要目的就是对各阶段的最终呈现效果进行审核。从起到的作用来看，严格的审核制度能够确保这一阶段的成果达标，为下一阶段的工作开展起到了铺垫作用。这一审核制度的制定标准需要根据本阶段内的工作特点进行实际调整，并且审核人员要由专业素质过硬的专家和技术人员组成。

4. 灵活运用各项技术

企业管理信息系统的服务对象大多是体系繁杂的系统。那么，进行合理分工、运用分解和综合技术就是必不可少的。在运用分解和综合技术时，要求管理者具备统筹全局的意识，能够有效地认识到系统之间的关联性。除此之外，还要将各子系统之间的关系考虑在内，分解技术并不是以分解为目的，而是为了使系统变得简单，以便工作的实施。

5. 工作文档的相关规定

运用结构化生命周期法时需要注意，由于其要求各阶段的成果以文件的形式进行展示，因此在将工作成果转化为工作文档时，要注意格式问题。必须保证格式的规范和文档的标准，因为这种文档并非简单意义上的工作汇报，而是下一个阶段工作运行的依据，因此，必须保证相应的文档所涵盖的内容信息准确无误。这一层次仅保证信息准确是不够的，为了能够让下一阶段的工作人员更好地进行工作，必须使文档容易理解，但由于每一阶段的工作方向和工作特点有所不同，所以在编写文档时,一般采取相同的格式,即采用整个系统内部开发人员所共有的图表工具与语言。

(三)工作阶段

1. 调查研究

结构化生命周期法将系统视为一个整体项目,一般划分为六个阶段。本段将分析重点放在第一阶段,即调查研究阶段。这一阶段的主要目的是收集和整理信息,系统分析人员在工作前必须了解目前行业系统的运行情况和运行目标,这样才能根据掌握的实际信息更好地进行系统分析,并且,对系统中存在的薄弱环节要加大关注力度,生成相应的文档资料。另外,在调查研究阶段,还要着重注意对用户需求进行信息采集,为接下来的工作打下坚实基础。

2. 系统分析

接下来进入系统分析阶段,系统分析员在掌握了收集到的大量数据之后,需要对新系统的目标进行逻辑上的数据分析,以此实现系统划分的目的。进行系统层次的划分时,要在详细掌握不同阶段的特点功能的基础上进行合理划分,其目的是保证新系统的逻辑模型效果能够有效发挥出来。在工作时,不能仅依靠分析人员的自身能力,还要借助一系列数字软件的辅助,如数据流程图和数据字典等。在这些设备的帮助下,数据的各项处理如输入、输出等都可以更加顺畅地进行。

3. 系统设计

系统设计阶段是结构化生命周期法所有工作阶段中较为核心的一个阶段。在这一阶段,设计人员施展自己的设计才能,依据实际要求对新系统的逻辑模型进行设计,设计时需要考虑的因素也包含多个方面。首先是外部设备,如计算机、计算机网络如何设计分布,相关数据的输入、存储处理输出怎样进行,代码体系如何选择等。对这些问题都要经过深思熟虑后,根据系统设计的要求和特点进行审慎选择。为了保证下一阶段的正常运行,需要将设计的思路以物理设计说明书的形式总结出来。

4. 系统实施

设计好的系统需要经过实际运行才能够真正体现出它的效果。从科学理论上来讲,系统实施属于系统物理模型的实现。在系统开始运行前,首先要进行各项设备的调试工作，各项调试能够为后续工作打下坚实的基础，这里的调试主要针对计算机硬件和外部网络；其次，相关程序人员需要根据新系统的运行要求，对程序内部的模块和输入程序进行调试；最后，进行数据的收集整理和输出工作。至此，一个完整的数据库建立完毕。为了将这一系统进行大范围的普及，需要相关的技术人员将其操作规范编写为文档并对操作人员进行相应的培训。

5. 系统转换

在上一阶段中，如果新系统的实施效果良好，就要进入系统转换阶段。转换就是新、旧系统之间的转换，目的是让新系统代替旧系统进行工作。

6. 系统的评价与完善

最后一个阶段就是对新系统进行评价、运行和维护。企业管理信息系统是一个庞大而繁杂的体系，在运行的过程中会受到各种外部因素的干扰。在系统实际运行时，需要针对各种外界干扰因素和内部人为因素对系统运行进行及时的调整和维护，目的是使新系统逐渐适应环境，并将理想效果发挥出来。从这个意义上来看，不断完善新系统具有十分重要的意义。

（四）优、缺点探析

1. 优点

若要将结构化生命周期法的最佳效果发挥出来，则应全面认识这一方法，并做到扬长避短。从优点方面来看。第一，从这一方法的思想体系上来分析，整体的思想和方法都是非常先进的，并且能够做到以全局意识去观察问题，不会出现顾此失彼、因小失大的现象，能合理地做好全局的统筹。第二，该方法创新性地将系统生命周期合理地划分为几大阶段分步进行，并且根据每个阶段的工作特点划分不同数量、不同难度的任务。第三，每个阶段都有较为严格的审查制度来确保这个阶段的成果。严格的审查制度既保证了上一阶段的成果，又有利于下一阶段工作的开展，并且对工作进度的把控也有很大的帮助。第四，该方法与其他方法的最大区别是它直接面向功能和流程，因此能够及时地对系统进行维修和完善。

2. 缺点

首先，应用这一方法时，只有在系统分析阶段，用户才有机会与系统的设计开发人员进行直接的交流。在其他阶段用户是没有任何机会与设计开发进行交流的，因此与其他方法相比，用户与设计开发人员的接触十分有限，在这种缺点的限制下，很难真正满足用户需求。其次，在应用这一方法时，在整个过程中都会有问题出现，因此，要尽量在系统分析阶段就将所有的问题讨论清楚，并且将系统的目标和需求确定下来。这样才能够为日后系统的运行提供有力而稳固的保障，但这种方法也有一些负面影响，那就是在系统运行时，实际效果可能与理想效果出现偏差，需要进行某些调整。如果管理者专业素养不够，无法预见这些问题，则其对未来系统的需求把握也会出现较大的偏差。最后，由于该方法的难度和复杂性较高，因此在系统开发时所消耗的时间较长，并且需要投入大量的精力、财力、物力。

二、企业管理信息系统开发的原型法

结构化生命周期法要求必须提前对需求进行精准说明，因此就产生了原型法。该方法主要是针对系统开发人员对用户需求的理解，快速实现一种原型系统。其中，用户需求就是在一个快速且有反馈的开发中，由用户主动参与并渐渐明确，最终在不断修改下达到企业管理信息系统的目的。在这个过程中，所有人员都通过易于理解且简单的方式去理解用户需求，极易达成共识，而且也容易被相关用户接受。

（一）思路与开发步骤

1. 思路

为了有效克服结构化生命周期法中存在的一些问题，原型法主要从以下几个方面对系统开发的问题进行考虑。

（1）对系统中的基本需求并非都要求预先定义清楚。一般系统需求的预先定义在一些情况下是完全可能实现的，但是在另外一些情况下，项目开发人员或者用户却很难实现。其原因主要在于，开发人员可能对用户的业务不够熟悉。另外，用户对计算机所具备的功能也缺乏了解，当其看到某个具体的系统以后才基本确定自己的需求，因此在系统开发的初始阶段，往往对所有需求都不进行预先定义。

（2）需要快速构建系统模型。结构化生命周期法使用结构化的语言以及标准的图表表达新系统,因此要求其所使用的叙述性语言严谨和规范,但是它不具备实际模型的动态性和直观性。在系统开发中,绝大多数人(尤其是系统用户)都非常希望在评价系统之前能够有一个系统运行的实际案例,即便比较粗略,因为提供一个可以演示的模型比只提供书面性的图例、文件和表格更加形象和直观,而原型法主要就是给用户提供相对形象和生动的模型,同时,其可以让用户在进行模型演示的过程中给出相应的修改或完善建议。

(3)需要进行系统修改。由于用户需求一直是动态变化的,因此预先定义的方式基本很难实现。从很大程度上来说,它把用户的定义在进行系统分析的过程中就已经"冻结"了,但是原型法却认为,对系统进行反复修改完全是正常的,也是不可避免的,因此原型法积极鼓励用户为系统提出更多、更高的要求,从而在最大限度上确保系统可以为用户提供更为满意的处理功能,即系统所提供的所有信息都能够满足用户决策和管理的基本要求。

(4)要拥有快速的系统构建工具。原型法要求必须能够对系统模型进行反复修改,以便及时适应用户的各种需求,因此要求系统模型的建立周期必须短,模型的建立也必须迅速,不然就会失去该方法的主要优势,因此必须有一个必要且一定的工作环境,也就是要有一个快速的模型构建工具。最近几年,在计算机软件技术的不断发展之下,相应的原型化软件已经进入市场,集成化软件开发平台也都得到了有效运用,这些因素使迅速构建系统模型、快速且方便地修改模型成为可能。

2. 开发步骤

(1)用户提出对目标系统的基本需求。用户最开始的要求基本都是不完整的、模糊的,同时也是不确定的,但是其要求确实是非常基本的,只需要在短时间内大概了解用户的需求即可。

(2)对基本需求进行识别。将目前的系统开展初步调查,对关键的决策者以及关键的个人进行访问,从而及时收集各种信息,以更好地识别和归纳用户的相关需求。这些需求一般包含系统结构、输入和输出信息、功能,还可能会包含一些比较简单的过程。识别基本需求主要是为了设计并构建一个初始原型。

(3)构建初始原型。在(2)的基础上,开发人员继续着手构建一个初始原型。一般初始原型只包含系统的用户界面以及基本功能,比如数据输入的屏幕和报表内容。快速开发原型的基础性功能和与屏幕画面相关的内容是整个原型法的关键所在。

(4)对原型进行评价。在计算机上运行原型,将其功能演示给用户,征求用户更多的意见。用户在看完演示之后对原型进行有效评价,同时给出相应的修改意见。在这个过程中,尽可能多地让用户参与其中是非常关键的,能够进一步解决操作过程以及术语方面所存在的各类差异,而实现这些的主要前提就是提交一个具有代表意义或者具有一定广度和深度的工作原型,这样才会确保相关的讨论工作是有意义和价值的。如果出现严重的需求理解错误导致原型和用户的愿望相背离,那么就应该马上将其舍弃。可在现有的模型上对其进行反复修改,保留改进前和改进后的两个模型。演示两个能够相互比较的模型是促进评价的最有效的方式。

(5)进行原型改进。开发人员需要依照用户给出的相关意见对原型进行改进,同时,给原型增加一些新的功能,从而更好地满足新提出的需求。(5)和(4)形成了一个反复循环的过程:对原型不断进行改进,直到用户完全满意为止,最终使用户更好地接受新系统。与预先定义方式相比,原型法可以更快地获得用户需求,以此提供更多更为灵活和开明的策略供用户选择。

(二)构造方法

原型开发可以在和未来实际交付的系统一致的运行环境上进行开发,也可以在不同的环境上进行开发。

1. 抛弃式原型

不同的原型生存期形态的主要区别在于原型目的达到之后的稳定意义和作用差异。当原型的运行目的达到后,有些不再具有意义的原型就会被抛弃,被称为抛弃式原型。这种原型又可以被细分为研究型原型和实验型原型两种。

1)研究型原型

构建这种原型的关键在于开发工作者和原型用户之间的信息交流。在系统开发过程开始不久后,开发工作者可能没有应用领域的专门知识,同时,用户对于计算机可以给自身工作带来的优势没有比较清楚的概念,只能在实际演示之下,进一步促进用户理解系统的主要功能,从而在最大限度上激发用户的创造性。设计工作者并非将自己的所有精力全部集中在某个特定方案上,而是要和用户一起对不同方案的优势进行研究和分析。

这种方法就是强化需求定义与功能分析过程中的主要工作。当前,市场条件急速变化,在构建新系统的过程中,这种方式的优势极为明显,可以把初始解迅速转化成信息系统的最终解。从时间方面来说,在 1~3 个月内将其完成即可。当用户运行原型一段时间之后,可以通过反馈、分析、提炼以及反复等几个基本过程,建立起一套相对比较固定的满足用户需求的模型为止,这时候研究型原型就可以被抛弃了。

2)实验型原型

计算机解决用户问题的主要方式是用实验去评审。实验型原型从最开始的描述后就可以被运用到任何一个开发阶段之中,因此其可以被看成对一个最终系统描述的一种强化。实验型原型主要包含以下几种。

第一,人机交互界面仿真原型。这种原型直接给用户提供关于建议的人机交互界面的预期感受。

第二,轮廓仿真原型。这种原型试图建立最终系统的一个总体结构,以一些基本系统功能为基础,所实现的只是缩小的功能范围。

第三,局部功能仿真原型。这种原型主要建立在包含最终系统全部功能的基础上,用户的需求一般会被直接翻译成易于操作的系统并通过该系统仿真应用系统环境,因此该原型就是功能方面的原型。

实验型原型的构造方法,从本质上分析,应该变成最终系统的一种强化性描述工具,其作用主要在于对用户需求的描述进行补充,从已经描述的内容或者部分描述中提炼相应的描述信息。

2. 递增式原型

递增式原型,是指某一种原型其构造直接和最终的系统关联。原型在增加相关功能与进行一些修改后,直接转换成最终系统的一项重要组成部分,或者伴随着需求的进一步明确,原型具体模拟的功能也有所增加,一直到原型变成最终的系统。

这种构造方式是一种动态策略稳定开发方式,它将最终系统视为一个连续不断更新的系统版本序列,在每一个版本完成以后就进行评估,对后续版本的开展进一步改进。这样的动态策略非常适合用于交互式应用系统的开发。

递增式原型主要是在软件生存的递增模型的基础上发展起来的。其主要思路在于先将一个系统的基本子集完成,然后通过相同的开发步骤增加一些功能,在这样的不断递增下,一直到所有系统的需求全部被满足。递增式软件不但可以在一开始进行开发的时候保证定义的准确性,还可以直接把后期的维护开发也引入功能递增的迭代中,使维护性开发结果变成一种新的软件而大大简化开发过程。使用这种递增方式所开发的软件通常具有非常好的可重用性。把原型法运用到递增式模型中,是在系统设计和需求分析之间增设一个生成原型以及反馈的过程;也是在设计方案完成之后不先将其产品实现,而是先将样品实现。这样一来,能够依照原型使用的目的去决定最终样品的形态和主要类型,运用样品去沟通用户和软件设计工作者,以此找到某一级需求和实现之间最适合的结合点,然后再将原型发展成一个产品。实现一级需求后,再开始更高一级需求的分段设计。原型的原型化循环周期反复推进,直到系统全部实现。显然,这种递增方式使需求得到了逐步深入,在最大限度上强化了软件的正确性和可重用性的优势。

不管选择哪一种原型构造方式,都必须考虑两个因素:第一,原型开发的成本投入,倘若开发成本相对较高,那么抛弃式原型构造方式显然是非常不适合的,这就必须将实现的主要目的结合在一起进行分析;第二,深入考虑系统中管理人员的基本素质以及管理人员对问题把握的程度。

(三)优势与缺陷

1. 优势

(1)在认识上有重大突破。

开发过程是一个循环往复的过程,符合用户对计算机应用的认识逐步发展、螺旋式上升的基本规律。最开始的时候,用户与设计人员之间对整个系统的功能要求的认识存在一定的不完整性。主要通过建立、演示和修改原型的过程,让设计者将原型作为基本媒介,及时获取用户反馈的信息,更好地发现更多问题,并对其反复进行修改和完善,最终确保用户的所有需求都能够被更好地满足。这种方式的运用不仅有效强化了用户和系统设计人员之间的信息交流，还能够进一步改进与系统相关的技术工作者之间的信息交流方法。原型法本身就是一种系统功能交流的重要媒介，它便于对系统设计过程与效果进行改进，确保用户可以更加方便地告知设计工作者自己对现有系统中的哪些功能不满，同时也能够促进对系统内部设计的进一步验证与改进。监理系统的相关技术工作者和用户会亲自体会系统动态模型，所以能够促使其尽快给出相应的改进意见。此外，该方式还可以被运用到以下情况中，比如，某家公司想将几个现有的应用软件集成在一个系统中，那么就可以使用这种方式对软件包之间的连接进行测试，最终确定一种比较优良的集成方式。

（2）用户和系统设计人员之间的信息交流方式得以改进。

因为这个过程用户是直接参与的，所以可以保证用户能够及时发现问题并对系统进行改正，从而降低产品设计的各项错误。开发工作者在开发时可以直接对系统进行有效改进。在很多情况下，设计中的错误基本都是对用户需求的一种不准确和不完善翻译所引起的，也就是在信息交流和沟通中存在一定问题。使用这种方式后，可以在最大限度上改善信息沟通的基本状况，减少设计错误。

（3）提升用户的满意度。

由于这种方式主要给用户展示了一种比较灵活的原型系统，并可让其进行修改和使用，因此它能够在最大限度上强化用户的满意度。如果用户并不相信初始系统的基本需求，通过现实系统模型进行实验要比直接开展设计会议、查看文件资料更具优势。它的本质就是给用户提供一些更为灵活的原型系统，能够直接让用户使用。这样一来，用户就会主动对其进行修改，这势必也会提升用户对系统使用效果的满意度。

（4）和实际情况更为贴切。

该方法可以为用户构建一个相对准确的信息与功能模型，系统设计者和用户、编程工作者可以一起制定正确的解决方案。用户在该方法下所获得的系统需求并非只是书面上或理论上的，而是来自原型系统的运行经验。正因为如此，该方法才为用户搭建起相对正确的信息模型，和用户的需求相符，便于及时提出正确的技术解决方案。

（5）开发的风险比较低。

该方法可以最大限度地减少重复文档编制时间，降低开发危险。因为运用原型系统对开发思想和方案进行测试，所以只有当其风险程度通过原型使用户和开发人员的意见一致时，才可以继续开发最终的系统。使用该方法时并不需要过多的文档资料，即使这些都是该技术的一部分内容，那种给设计工作者备份技术资料的工作基本是不需要的，因为一个好的原型就是一个好的文档资料。设计工作者和用户之间用于实现和完善系统的时间大大减少，也不需要开展过多重复性的工作，就能促使彼此更好地交流。

（6）不需要实施长期培训，管理比较简单。

培训出更多的用户是系统开发中的副产品，它并不像以前那种被单独当作一个阶段的工作去执行。用户在对评价原型进行审查的过程中就已经得到了充分训练，用户也有自己的要求和评判标准来对原型系统进行评估。不仅如此，该方法还可以进一步简化系统开发的管理工作，有效省略各种烦琐的步骤。

（7）开发成本相对较低。

因为开发时间比较短、用户比较满意、培训时间少、风险低，所以可以最大限度地降低开发成本。培训时间比较短的主要原因是用户完全参与系统的开发过程，开发后就可以直接培训用户。

（8）是一种具有实用性的学习工具。

原型法本身就是一种学习工具，它被运用在系统开发的始终。不管设计工作者的技术手段、实践经验有多少，在开发系统的时候都要继续学习，尤其是必须对特定应用开发环境和社会关系进行学习。和系统设计联系比较密切的用户经常可以深入了解自身的工作，同时更加自觉地学习并掌握相应的方法。用户自己也要进行数据处理，这个过程不但涉及专门的技术，还有能够规范用户工作的通用技术，从而促使用户在系统开发过程中占据主动权。

（9）具有极强的应变能力。

该方法的系统开发周期比较短，使用方式相对灵活，可以被应用到管理体制与组织结构有变化且不稳定的系统中。因为它可以迅速修改原型，所以系统本身的可变性非常强。在原型法中，很多比较重要的内容往往都要进行开发测试，这样就可以以最低的代价找到系统中的缺陷。

2. 缺陷

（1）对开发工具有较高要求。

原型法必须有各种现代化的开发工具支持，不然就会因为开发工作量变大以及成本过高而失去本身的意义。换句话说，开发工具的水平高低是该方法能否顺利应用的第一要素。

（2）难以解决复杂的系统问题。

依照当下支持工具的基本情况，原型法基本是在设计之后才具备相应的开发基础。这主要是因为在分析阶段直接对用户业务活动进行模拟，很难演绎出需求模型。这就表示，能够实现的原型都是设计工作者充分加工过的，相关误解也会直接映射在原型之中，所以一些大型系统原型化的周期都非常长、反复的次数比较多且成本较高。如果不通过系统分析进行整体划分，大型系统直接通过屏幕一一模拟是非常困难的，而一般复杂系统其技术复杂、种类较多，和方针模拟工具与应用业务领域的知识具有很大的相关性，能够进入实用阶段的非常少。

（3）对管理水平的要求比较高。

原基础管理不佳且信息处理过程比较混乱，导致系统开发有很大的困难。一方面，因为对象工作过程不清晰，构造原型困难比较大；另一方面，由于基础管理不佳，没有比较可靠的方式依据，因此极易使系统开发走向模拟手工系统的道路。

（4）交互式必须明确、简单。

对于那些逻辑性比较强且要进行大量运算的系统，原型法很难构造出模型让人评价。由于交互方式比较少，那些大批量的处理系统在使用该方法的时候会遇到一些困难。

三、原型开发工具

系统开发过程中主要运用的方法是原型法，而原型法是由于 CASE 技术的深入发展才逐渐实施起来的。在 CASE 技术出现前，由于原型法需要花费较长的时间、更多的资本，在技术方面的要求也非常高，因此难以进行此方法的深入研究与推广使用。20世纪80年代后，原型法的使用十分常见，人们可以更好地对模型进行建设来为整个系统提供开发工具，利用原型开发工具使系统建设更加完善。原型法在目前系统开发过程中的应用是比较广泛的，可以实现相当多的系统设计，基本上可以将原型设计演变为实际系统进行操作。

（一）基本工具

使用原型化工具对系统进行原型化的构造，能够更好地对原型内容进行提升，从而使整个系统的运行更加流畅。在一些系统的开发过程中，有时需要对原型进行抛弃，有时则要保留原型。在一些保留原型的系统设计中利用原型化工具可以更好地对原型进行构建，因为原型化工具可以大大提高原型构建效率，将原型的功能与其界面相联系，实现高效化的对接工作，使整个过程更加流畅，与具体的系统运行相比效果相差不大。第四代生成语言就是一种原型化工具，其在系统工作过程中不会对内容进行检验，只给出一个输入正确条件下的完整的系统功能模型，如果输入内容正确，那么可以输出相应的结果，因此只能在正确的范围内进行参数输入，得到正确的结果后可以作为判断系统是否符合规则的基本方式，减少了系统完成后进一步改造的麻烦。

（二）CASE 原型工具

CASE 原型工具主要是在原型工具的基础上，利用其他技术来加速原型构建的效率，提高原型构建的质量和速度，比如通过仿真模拟技术可以更好地促进原型构建的合理化和高效化，通过各种技术与 CASE 原型工具相结合，还能够演示动态化的原型。这主要是通过原型产品与环境相适应，根据环境参数和原型产品的参数进行数据输入实现的，从而可以得知环境对产品的影响，并在工具的使用过程中将影响逐渐地添加到原型构建中，使原型构建通过发生变化呈现演化过程，更好地将其功能的变化与界面的变化表现出来，这样在以后的对接中可以及时进行调整。

（三）其他工具

对于原型开发所用到的工具，要从其功能和界面两个方面来考虑。对于界面，可以利用界面工具建设界面原型，但是它并不具备开发的效果。对于功能，可以利用多种原型开发工具进行建设，实现功能与界面的对接，实现功能级别的相互配合。这里所用的是一种演化的工具，可以对这类工具进行更加优化的使用，使开发工具与原型相结合，使原型构建更加简单和高效。

四、企业管理信息系统开发的面向对象法

面向对象法主要源于程序语言的开发。在信息技术发展初期，面向对象法在信息系统开发过程中的应用并不广泛。在程序语言不断成熟、不断完善的过程中，面向对象法进一步发展，可以更好地对信息系统进行分析、设计，进而达到建设的效果。由于目前程序语言在不断深化和不断提高，语言层次不断丰富，因此面向对象法这一系统开发方法有着广阔的提升空间和发展空间，能够成为今后企业管理信息系统开发的中流砥柱。

（一）基本思想与特征

1. 基本思想

面向对象法的基本思想是辩证统一，其出发点和追求的目的是较为一致的，类似于人类发展过程中的哲学发展，即在了解问题的本质后解决问题。人的认识过程和系统实施的过程是较为一致的，体现了知行合一的思想。面向对象法中存在普遍性和特殊性的关系。其普遍性就是系统普遍运行的一种正常结构和状态，即系统构成的基本要素。其特殊性是指系统运行有各自的规律、各自的特点和各自的功能。使用面向对象法进行开发设计的过程中，要针对具体问题进行具体分析，抓住各系统之间的特殊关系，实现对其特色的发展，所以对系统建设要求在进行分析的过程中抓住其本质问题进行考虑，在系统建设中要将本质问题投入其中。只有对其本质问题进行良好的解决与设计，才能够使整个系统开发更有意义。与此同时，系统开发过程要更加灵活，以适应周围环境的变化，对其发展方面也要进行考虑。另外，在设计过程中要有发展的目光，以使程序设计与环境更加融合。面向对象法的主要过程就是对对象进行分析，然后一面找到特殊对象，一面针对特殊方面进行建设与设计，也就是要建立相应的运行机制和系统结构，最后实现各方面之间的联系，形成一套发展的系统开发方法。

2. 特征

（1）在系统建设过程中，系统内部的信息有时是抽象的。其抽象性具体表现

在系统结构方面的数据，其各方面数据不一定能准确地通过数字来进行表达，有可能会通过其他方面进行侧面反映。例如，可以利用声音、图像等其他方式来展示这方面的数据，因此要将其图片与声音中所蕴含的数据进行整理，并且对该数据的总和进行建模，实现具体化的发展。

（2）对系统进行封套化的建设，主要是为了保护系统的正常功能。操作人员只能在一些简单的界面上操作，具体的程序编程的数据只有在后台或外部才能了解，在构建一些复杂程序的过程中，利用该方法有很好的效果，可以将系统简单化、明了化。

（3）在程序编程中，对一些环套编程过程，可以使内部子环套继承外部的整体环套，即外部的环套内容在子环套内是可以使用的，也就是某一部分的特征属性可以被其内部的程序建设进一步使用。

（4）多态性主要表现在相同的操作可以作用于多种类型的对象并获得不同的结果。由于该方法存在特殊性，因此不同对象的系统有不一样的运行结果。

（二）开发步骤与优、缺点

1. 开发步骤

就开发步骤来说，首先要对对象进行分析，了解对象的特殊性，也就是对象的特殊要求，并且要对问题进行合理的探讨，然后，根据分析结果，逐渐将复杂的问题简单化、分裂化，并将各种问题进行分类，方便以后进行解决。最后，要对分析结果进行统计，使分析结果更加抽象化、精准化，并建立模型，使抽象化转变为具体化。

2. 优、缺点

面向对象法的优点主要体现在以特殊性为基准进行建设，可以针对具体问题进行具体分析，有针对性地解决问题，能够更好地提高系统的应用水平和适应能力，使系统与对象的结合更加稳定，结构更为简单，不但方便进行操作，而且成本也较低。

面向对象法也存在不足之处，主要体现在需要的技术水平较高，只能建立在一定的技术水平上才能使用，并且无法进行批量生产，因为它只针对特殊性进行建设，忽略了普遍性的存在，经济效益并不十分显著。

五、应用软件包和最终用户开发法

（一）应用软件包开发系统

应用软件包是一种能够从开发商处购买的、已经编写完成的应用软件。它可大可小，可以是一种比较简单的任务，如在计算机上将数据库中的一段信息打印出来，也可以是一种复杂大型主机系统上的软件。在可以选择适合的软件包时，构建企业管理信息系统时就不需要再自己编写相应的程序，同时可以进一步降低设计、安装、测试与维护的工作任务量。

由于企业各个组织在应收账款、工资处理、库存控制以及总分类账等职能方面都有大量相同的信息需求，因此这种软件在目前的市场上普及度很广。对于标准操作的财务岗位来说，一个通用性的系统就能够满足各项组织的基本需求，基本不需要企业再另行编写程序。预先设计、编写、测试的软件包是完全可以满足需求的。由于软件包的开发商已经开展了大量的设计、编程和测试工作，因此直接开发一个新系统的成本不会太高。

以下几种情况比较适合直接购买软件包的开发措施：

（1）与大多数企业有相同的职能时可以应用这种措施。比如，每个企业都有工资管理系统，都能够打印出工资条和工资表。这就是比较典型的职能完全相同的系统。目前，这种软件包已经有了广泛的应用。

（2）当自己开发企业管理信息系统缺乏资源的时候可以应用这种措施。由于一部分企业没有受过专门的训练且不具有丰富经验的系统开发人员，缺乏自行开发项目的基本条件，因此通过这种直接购买软件包的方式可以有效确保顺利构建新的系统。

（3）最终用户将计算机当作开发平台时可以应用这种措施。现阶段已经研发出很多运行在计算机平台上的操作比较简单的软件包，它们都适合基础应用，所以直接选择购买软件包的方式构建系统是一种比较快捷的方式。

1. 优势和缺陷

一直以来，人们希望能够将直接购买软件包当作降低系统开发成本和提升系统性能的重要方式。这种方式可以最大限度地简化系统的设计程序、测试过程、安装与维护工作量，但是这种方式也有很大的局限性。

1）优势

通常情况下，系统的设计活动大约会占到整个开发过程的一半以上。因为设计的说明书、文件的结构、处理的逻辑等基本已经由软件开发商完成了，所以很多设计工作基本都在建立系统前已经完成。此外，软件包在正式投放市场前就已经做了大量测试，其中的各项主要技术问题已经被解决，因此软件包的测试工作在短时间内就能够完成。另外，一些开发商都还会直接提供一些样本测试数据，协助具体的测试工作，同时，还可以对系统进行长期支持与维护。比如，对于人力资源或者工资管理系统，软件开发商会重点按照管理机构相关制度的变化随时对系统进行调整。不仅如此，软件开发商还会定期对系统进行修改或者升级，这些都能确保系统使用更为便捷。

建立在应用软件包基础上的系统所需的内部资源较少，这是由于绝大多数系统预算都被运用在维护方面，因此应用这种方式构建系统是降低系统开发成本最关键的途径。软件开发商不仅可以给用户提供技术方面的长期支持，还可以持续给企业提供系统上的帮助与支持，不会因为信息系统工作者的调离或者改变而使整个系统受到影响。此外，系统和用户的使用说明书是软件开发商提前编撰好的，因此可以确保内容是最新的。

2）缺陷

通常，人们很难注意到软件包的缺陷，但实际上它的缺陷是不应直接被忽视的。具体来说，软件包都是针对单独某个应用设计出来的，对于比较复杂的系统而言，一套技术性能良好、用途广泛的软件包还不足以达到商业化程度。直接设计和编写一套功能比较单一的软件，要比直接建立一个具有极大复杂性和大量处理功能的系统简单得多。例如，一些人力资源软件包的开发商必须开发出一些专门进行退休金处理以及后备人才记录的软件包，这是因为在那些用途相对比较多的综合性软件包中实现这些功能具有很大的难度。

在很多情况下，因为系统自身的转换成本比较高，企业所购买的软件包可能会给后续的开发工作带来不良影响。虽然软件开发商可以给购买方提供转换软件的服务以及相关的咨询帮助，但事实上有些软件包有时会拖延系统转换的过程，尤其是从一种相对比较复杂的自动化系统转换到通过软件包进行处理的系统的时候。在这样的情况下，系统的转换成本就有可能变得非常高，而如果从比较简单的手工运用或者并不复杂的自动化应用转换成软件包，则是相对比较容易的。

软件包不可能满足一个组织的全部需求。当组织存在独特需求时，软件开发商就必须提供定制服务，而随着软件包修改部分的增加，其实施费用也会增加，这就导致软件包的优势下降。

2. 选择

若要使用软件包构建新系统，则应先对软件包实施全方位的评审。主要评审标准有：可以提供的主要功能、灵活性、用户友好度、硬件与软件资源、数据库以及文件特点、安装、维护、文档资料、软件开发商的基本资质、费用，等等。

1）功能

在一些特定的应用中必须深入考虑以下问题：

第一，软件包能满足哪些基本的功能需求？

第二，在对软件包进行修改后，它可以完成哪些功能？

第三，具体的修改程度有多大？

第四，软件包不支持哪些功能？

第五，软件包是否可以支持企业未来的需求？

2）灵活性

第一，软件包是否能轻易被修改？

第二，软件开发商是否愿意为了客户修改软件？

3）用户友好度

第一，如果用户从非技术性的角度对软件包进行操作，是否便捷？

第二，通常需要培训多久才可以使用户灵活掌握软件包？

4）硬件和软件资源

第一，软件包可以在哪类计算机上运行？

第二，软件包的运行需要在哪种操作系统平台上实现？

第三，软件包需要占用多少内存和外存？

第四，软件包的运行能达到什么速度？

5）数据库以及文件特点

第一，软件包需要使用什么样的数据库以及文件结构？

第二，文件中的标准数据项是否和应用需求所描述的数据项统一？

第三，数据库或者文件的设计是否可以支持用户的访问需求及处理需求？

6）安装

第一，在对软件包进行安装的时候需要进行多大改动？

第二，如果把现有的系统转换成软件包，整体难度大不大？

7）维护

第一，软件开发商是否可以直接提供系统的升级与维护服务？

第二，系统是否便于修改？

第三，需要多少人员对系统进行维护与支持（主要有系统分析员、程序员以及数据库专家等）？

第四，程序源代码的整体是否条理清晰且易于维护？

8）文档资料

第一，购买软件包时，附赠哪些文档资料？

第二，附赠的文档资料是否便于理解？

第三，文档资料是否具有一定的完整性？

9）软件开发商的基本资质

第一，软件开发商在相应的领域是否具有丰富的经验？

第二，软件开发商自身的销售和财务历史记录是否良好？

第三，软件开发商可以给系统的安装与维护提供哪些支持？

第四，软件开发商对用户所提出的相关改进建议能否及时给予相应的响应？

第五，软件开发商自身是否拥有可定期和用户进行会面并对软件包的具体使用情况进行信息交流的用户小组？

10）费用

第一，如果直接购买或者直接租用软件包，需要花费多少钱？

第二，如果购买软件包，费用包含哪些重要的部分？

第三，是否有年维护费用？

第四，按照预期的处理量进行有效估算，每年的实际操作费用应该是多少？

第五，依照用户的具体需求对软件包进行定制，需要消耗多少成本？整体的安装费用应该是多少？

3. 选择与系统开发

系统分析主要是开展软件包的评价工作。一般来说，就是将问题直接提交给相关软件开发商。在这个过程中，可以把用户对系统提出的需要和软件开发商所给出的答案进行比较，最终选择最能够满足用户需求的软件包。后面的设计活动都将依照用户需求和软件包的主要特点进行有效实施。

在通常情况下，企业所购买的软件包很难与组织的基本需求相符合。对于通过购买软件包的方式构建的系统，组织并不能完全对整个系统的设计过程进行有效控制，甚至那些具有很强灵活性且容易被修改的软件包也存在很大的局限性。很多应用软件包的企业已经意识到最好的软件包基本只能满足自身70%的需求，那么其他30%的需求应该怎么办？一般来说，这需要企业使用其他方式满足这些需求。如果软件包不能适应组织，那么组织就只能去迎合软件包。

（二）最终用户开发

绝大多数组织的最终用户都可以不通过专业的技术者去自主开发企业管理信息系统，这样的情况一般被称为最终用户开发。最终用户不依靠专业技术人员，而是通过专门的第四代软件工具自行开发企业管理信息系统，虽然软件整体的运行速度比较慢，但是因为当下硬件成本相对较低，所以这可以有效弥补软件运行速度上的缺陷，因此，这种方式不论在技术方面还是经济方面都是可行的。通过第四代编程语言、计算机工具以及图形语言，最终用户完全可以自主进行数据存取、构建报表，并开发出属于自己的完整的企业管理信息系统。需要注意的是，这样的系统是在没有专业的分析人员和程序员的帮助下实现的。最终用户不但可以通过专业人员的技术支持实现开发，也可以自主完成一些原先必须由信息系统部门开展的开发活动。使用这种方式构建的系统要比传统系统的开发速度快得多。

1. 开发工具

最终用户开发工具的诞生，使应用程序的便利性和生成速度得到了极大提升。绝大多数第四代工具都嵌有应用设计知识库，比如，在使用第四代语言连接数据库的时候，组织早已经将数据库定义好了。绝大多数第四代工具都可以有效存取数据，并将生成图形或者报表。很多组织都曾报道过，使用第四代开发工具后，整个系统应用开发的效率显著提升。在传统编程语言的基础上（例如结构化编程语言），其整体效率最大只能提升 25%；与之相比，企业使用第四代开发工具进行应用开发时，整体效率可提升 300%～500%。可以发现，其收益幅度是极为可观的。

不仅如此，第四代开发工具还有一些新功能，比如电子表格、图形、特殊信息检索以及模型化等，这些都可以满足当下的基本商业需求。

然而，由于第四代开发工具的主要能力还存在很大限制，因此它还是无法有效取代那些完全适合某类商业应用的常规性工具，绝大多数都还只适合运用在小型文件操作的简易系统设计中。对于第四代工具来说，其处理效率相对较低，而且语言也占据了很多计算机资源。因为它们处理事务的时候整体速度比较慢，同时成本也比较高，因此不太适合被运用到大型事务的处理系统中。它与常规的编程语言相对比有非常强的非程序化，这就使其不可以直接处理那些具有多种程序逻辑及最新需求的应用。

第四代开发工具在系统开发编程与具体设计过程中所产生的作用是非常大的，但是并不会给系统的其他活动带来过大的影响，其中系统分析、转换、过程改变以及其他设计的效率和工具并无太大关系。第四代开发工具唯一不能解决的就是传统组织及结构问题，比如，没有有效定义以及集成性的数据库、没有集成化的通信网络、没有标准化的数据管理技术等，而这些问题都恰好会给企业管理信息系统的实现带来一定影响。

2. 优势与缺陷

由于最终用户基本可以只依靠自己或者是通过少量的系统专员的帮助来建立相应的应用系统，因此这比用传统的系统开发方式构建系统更为迅速，也不会死板。但是这些系统必须受到企业管理信息系统环境的束缚，因此它们除了能够给组织带来相应的优势，还会产生一些无法避免的问题。

1）优势

第一，可以确定系统改进的基本需求。由用户自主进行系统开发，在分析需求的过程中基本不需要专门的人员参与，这就可以防止用户需求被技术人员误解而产生一些问题。

第二，用户直接参与系统设计与开发，可以有效满足其需求。用户往往更容易接受自己设计及开发的系统。

第三，用户对系统的开发过程进行控制。第四代开发工具可以促使用户在系统开发的过程中积极主动地发挥其作用，用户通过自身或者是借助少量帮助就可以直接开发出完整的系统。由于第四代开发工具一般都支持原型开发法，因此它可以让用户自主构建实验性系统，该系统能够被有效修改，可以确保需求被满足。由于用户在系统构建中发挥了积极作用，因此第四代开发工具就可以使原先方式下的用户与程序员之间产生的开发问题得到有效解决。

第四，降低了后备资源。由于系统开发责任是由专门的人员转交给用户，因此可以确保在实际开发之中减少后备资源，同时可以提升工作效率。

2）缺陷

由于系统开发是在原先系统管理和控制机构的外面进行的，因此会给组织带来一些风险。

第一，如果用户和系统分析人员的职能渐趋模糊，系统就会缺少充分的评审分析。若没有规范的信息系统分析，则用户自主开发的系统就会缺乏外部评审，没有独立的问题分析及可选方案，无法将自身的需求全面说明。

第二，数据无法得到有效控制。原先系统部门之外的最终用户小组通过第四代开发工具可以轻易构建起自身的应用系统及数据文件，但是文件中可能包含完全相同的信息，每个用户在修改与定义这些数据时所使用的方式都存在一定的差异，也没有相应的管理规则，那么要想确定数据所处的位置并确保同一信息对整个组织始终保持一致将变得非常困难。

第三，私用系统变多。由于当下第四代开发工具日渐便利，很多用户都开始构建专用的私用系统，这些私用系统能够对组织的其他人员屏蔽相应的信息，只要系统开发人员离开岗位，这些私用系统就无法转交给其他人使用。

3. 开发策略

1）信息中心

为了有效促进和管理最终用户的应用开发，可在企业中构建一个信息中心。这是一种专门为用户计算机应用提供培训及支持的机构，其主要作用是提供系统软件、硬件和技术支持，并对用户开展培训，提出系统构建的相关建议。用户通过信息中心所提供的相关工具可以构建属于自己的电子表格、图形等，同时，信息中心可以有效负责并指导用户开展复杂的系统开发。对在信息中心工作的人员来说，他们必须具备软、硬件及数据库的相关知识，不但要承担教师与顾问的职责，还要进行复杂的应用分析、设计及编程。信息中心提供的主要服务包含以下内容：进行开发工具及高级语言应用的培训，辅助数据存取和传送，辅助程序调试工作，提供合适的开发工具及方式方面的咨询，确定与控制辅助质量标准，对原型进行修改和构建，给予信息中心资源的相关参考资料，维护目前的系统运用和数据库、评估软/硬件，有效协作其他信息处理系统。

信息中心的硬件可以使用大型机、小型机、微机以及工作站等。软件主要有文字处理软件、建模软件、规划软件、数据库软件、报表生成器、高级编程语言软件、图形软件等。强化管理可以带来这几项优势：可以使用户找到高效的开发工具与应用；能够避免产生系统冗余；可以对数据共享进行改进，并减少一致性问题；可以确保应用满足审计、安全标准和数据质量。

构建信息中心最大的优势就是能够促进企业制定并执行相应的软、硬件标准，避免用户把不同种类和不兼容的技术引入企业。信息中心一般与企业的系统部门一起开展工作，并制定和指导软、硬件的选择，还可以协助管理部门对软、硬件进行有效审批。

2）应用管理

管理人员可以运用其他能够保证最终用户应用与组织整体目标相符的战略，也可以构建多个小型分布式中心当作集中式的信息中心作为补充。管理人员依照不同业务部门的需求以及职能范围提供相应的开发和培训工具，同时确保所给予的支持适用于各种最终用户应用开发人员的需求，比如只通过高层命令或者简易的查询语言对数据用户所需要的培训进行访问。培训与支持还必须将所有用户对计算机的看法、认知、教育水准等考虑进去。

不允许管理人员随意对最终用户应用进行随意开发,并要建立相应的控制机制,如系统项目的成本控制,应用的软/硬件标准控制,质量保证评估控制,相关工具的标准控制,以及对应用中测试、精准度、文档、修改、输入、备份、监督的控制等。

第三章
企业管理信息系统设计

企业管理信息系统设计是开发企业管理信息系统的关键环节,其工作质量直接关系到新系统的质量和经济效益,因此,企业进行系统设计时必须按照科学的方法和程序进行,不能有丝毫马虎。

第一节 设计任务与内容

关于企业管理信息系统设计,需要考虑企业的发展规划、实际发展现状和管理需求,因此,需要在严格遵守程序和规范的前提下综合实际工作条件及工作需求进行具体的设计工作。

一、企业管理信息系统设计的任务

系统分析工作的结果是得出系统分析说明书并建立完整的系统逻辑模型。系统设计阶段的工作内容主要是以新建立的逻辑模型为基础建立连接计算机和通信系统的物理模型,通俗地讲,就是从新企业管理信息系统所需要的逻辑功能出发,结合经济条件、技术条件和运行环境等因素进行系统的具体设计,最终得出具体的、完整的系统建设方案。换言之,系统分析是根据用户对系统的需求,对目前现行的系统工作进行分析与总结,将系统物理模型中的物理因素抽离出去,回归逻辑模型,这是一个由具体到抽象的过程。企业管理信息系统设计则是根据系统的新需求,在逻辑模型中加入新需求所形成的物理因素形成新的物理模型,这是一个由抽象到具体的过程。

二、企业管理信息系统设计的内容

企业管理信息系统设计分为两个阶段。第一阶段是系统的总体设计，包括划分子系统，确定总体结构、硬件和软件的需求等。第二阶段是详细设计，主要包括代码、输入、输出、数据库、结构程序等。

（1）以系统分析说明书中关于系统设计所要实现的目标、所需具备的功能、所存在的环境和受到的制约条件为基础，对子系统的划分和系统设置进行设计，对所需要的机器型号进行选择，通过制定与需求相符合的计算机处理办法和整体结构来选择适合的计算机配置水平。

（2）以系统逻辑模型对系统所需要的功能进行分析、整合和设计，得出数据流程图和数据字典，在此基础上对系统的功能模块进行设计。

（3）以系统分析说明书为基础，设计系统的代码、输入和输出、系统安全性和可靠性。

（4）以系统分析说明书为基础，综合系统中计算机的硬件和软件条件，对数据库进行设计。

（5）综合系统分析说明书和上述工作流程的结果，对系统中每个功能模块的工作原理进行详细说明。

（6）整个系统设计的工作流程结束之后，对设计阶段的设计工作进行总结，并整合成系统设计说明书。

第二节 设计原则与设计说明书

系统设计的优劣是影响系统质量好坏以及经济收益高低的主要因素，因此系统设计应该以保证逻辑模型为主要任务，并在此基础上以提升整个系统的各种性能为主要目标。

一、企业管理信息系统设计规律

（一）保持系统的效率

所谓系统的效率，主要是工作内容与耗损时间的角力，一般是指处理问题的速度、响应时间或者处理问题的能力等。根据处理问题内容和方式的区别，效率的意义也各不相同。比如，联机实时处理系统的效率称为响应时间，是指从发出处理要求至得到应答信号的时间；如果问题是批量处理的，那么此时的效率就被称为处理速度，指的是处理单个问题或者业务的平均时间；如果是在某个时间段内进行的实时录入以及批量处理，那么此时的效率就直接被称为处理能力。

一般情况下，硬件和软件结构是直接影响工作效率的主要因素，体现在硬件中，就是设备接口是否合理；体现在软件中，则是程序设计是否合理，其中也包括文件处理数量、文件存取所用方式、子程序的编程安排等。

（二）维护系统的可靠性

系统的可靠性主要体现在系统运行的过程中，其中包括自主纠错；在错误干扰的环境下不会产生系统崩溃或者机能型瘫痪；只要重启，就能恢复系统的个项功能；保证软件和硬件在使用中输入、输出和存储的精确度；保障系统工作正常运行和抗干扰的功能。

在管理系统故障时，有相应的指标权衡系统是否具有可靠性。要有效提升系统的可靠性，可以运用以下三种方式：

（1）选择并使用安全度较高的系统设备。

（2）在不介意整体硬件结构产生冗余的情况下，转变两套硬件和软件设备系统，进行双机或者双工的配置管理。

（3）在处理方式以及系统的安全管理方面施行更加细化的运行监督以及记录政策，根据用户等级进行合理分化并在进入系统时进行校验，对关键、重要的文件进行复制并独立存储。

（三）确定系统的准确性

系统的准确性不仅取决于相关的软件结构和硬件结构，还与工作人员的编程质量、人工处理文件的质量以及系统的效率有关。

(四）保障系统的可维护性

由于现今的信息科技管理技术不断更新换代，加之系统所处环境也是不断变化的，因此要求企业管理信息系统能够不断进行修改与完善，而可维护性就是让系统在运行过程中能够被修改和扩充。可维护性良好的企业管理信息系统中各部分相对独立，其中的文件内容也可以进行变动，能够修改和优化，以便进一步完善系统的性能，并为系统制定更高的任务目标。在日常工作中，如果企业管理信息系统具备能够修改以配置其他组织的功能，那么就能有效降低开发新系统的成本。

为了提升企业管理信息系统的可维护性，可以运用便于复制或者修改的模块化或者结构化方式进行系统建设。

（五）重视系统的经济性

企业管理信息系统的经济性主要是指系统的收益要大于支出，让使用价值大于购买价值。一般而言，企业管理信息系统支出的费用中要包含设备费用、软件费用、运行费用以及维护费用，而收益部分则不一定是货币收益，而是在系统运行过程创造的经济效益。

以上五种规律性质，既存在相互矛盾的部分，又能够在系统中形成相辅相成的结构。比如，若要提升企业管理信息系统的可靠性，则应加强设备支出和管控措施，但是这样就会相应提升经济方面的支出。从整个企业管理信息系统开发以及维护的角度而言，系统的可维护性能够提升客户不同需求的满意度，促使系统拥有较强的生命力，但是如果过于普遍，则又有可能降低其安全性和准确性。

针对不同的企业管理信息系统，首要的原则是注意到系统主要服务于哪个部分，并对哪个部分进行侧重与强调。比如，联机的主要目的是进行相关情报的检索，那么缩短响应时间就是最关键的指标；如果企业管理信息系统应用于金融系统，那么其可靠性和安全性才是首先需要考虑的指标。

（六）维持系统划分

系统划分阶段主要采用自上而下的结构将企业管理信息系统划为分系统，再将分系统划分为子系统，然后在子系统下建立子模块。活动到实体的相关分析不仅是划分子系统的科学依据，也是建立子系统的基础环节。划分时需要遵循以下几个原则。

（1）保持子系统的相对独立性。划分出的每个子系统或者子模块都应是相对独立互不干涉的，要尽可能减少相互调用以及相互控制，这就要求子系统内部拥有较好的功能以及信息的凝聚性，在划分时才能在保持各自为政的基础上让模块集中而不产生混淆。

（2）子系统之间的数据相互依赖性小。这样才能保持子系统之间的相互联系较少，并且促使接口简单明了，不会将过量的管理数据放在一个子系统内。

（3）尽可能不要存留冗余数据。原始数据作为企业管理信息系统的起始，不需要过多使用，应以保存为准减少传递。

（4）优化组织结构内容。企业管理信息系统中的组织结构是不稳定的，既存在依赖性，又必须符合实际，因此，为了更好地达到企业管理信息系统运行简便的目的，需要协调组织结构的内容要求。

（5）划分系统要考虑管理发展方向。这就如同在城市中建造管道时，考虑城市发展扩大后会有新的管道出现一样，只有考虑管理发展方向，才能支持未来更高层次的企业管理信息系统的发展。

二、企业管理信息系统设计说明书

（1）模块设计。模块是对系统结构的反映，要注意主系统结构。

（2）代码设计。代码的名称及功能要符合使用范围以及使用要求。

（3）要有用户界面的详细说明。

（4）要有数据库及相关文件的详细说明。

（5）人工设计相关内容。其主要包含施工设计图、人员配置结构以及组织调整等。

（6）实施方案总计划。要对各项工作以及分管负责人有相应的安排，并且评估成本，达成预算评估。

（7）注意方案审核。由专业人员以及管理部门进行有效审核，最终交由领导审批。

第三节　企业管理信息系统结构化设计

由于企业管理信息系统的总体设计概括回答了应该如何实现系统，因此也可以将其称为概要设计。在设计过程中，需要以系统的目标为基础开展系统模型设计、总体结构规划以及软件结构架设。在设计过程中还要在明确系统整体规模、各个基础部分的作用以及相互关系的前提下选择合适的技术规范和设备来确保总体目标的顺利实现。

运用结构化设计思想的企业管理信息系统总体设计可以将分析阶段中的结构化系统分析和实现阶段中的结构化程序设计方法有效地联系起来。

一、企业管理信息系统的结构化设计

首先，通过结构化系统分析确定系统设计的目标，分析总体和局部的关系，进而开展结构化系统设计。其次，开展结构化的程序设计并实现三者之间的前后衔接。建立在结构化程序设计思想上的系统设计采用模块化的设计方法且遵循一套标准的设计准则。该设计主要是运用标准化的工具对企业管理信息系统进行模块分解并设计出系统内部的控制层次关系。系统分析阶段形成的数据流程图在结构化设计后将系统模型转化为清晰的系统层次模块结构，而转变后的结构关系一般采用控制结构图或 HIPO（Hierarchy plus Input-Process-Output）图来表示。结构化系统设计将整个模型分解为多个模块，从而为设计过程中的修改和后期维护提供了便利条件，而且在这种模式下系统设计工作的组织和控制也变得更加容易。

（一）模块及其层次分解

结构化设计方法的基本思想是在把握数据流关系和系统逻辑功能的前提下遵循设计准则并运用标准的图表工具将整个系统分解为多个模块。在此过程中需要注意以下两点：其一，在系统分解过程中需要遵循一定的顺序，例如，可进行"自上而下"或者"自下而上"的分解；其二，在模块划分过程中要尽可能根据不同的功能确保其相互的独立性，而且要考虑实现的便捷性和模块大小是否适

当。这种分解将一个整体上比较复杂的系统拆分为多个功能明确、彼此独立的简单模块,从而在系统的修改和维护方面获得极大的便捷性,因为分解后模块的相互影响被大幅度减小了。

1. 模块的含义

模块是一种通过分解、组合、更换来简化功能处理的系统,基本组成单位和系统中的任何一个处理功能都可以分解出一个相对独立的模块。

模块有三个基本属性,即功能属性、逻辑属性和状态属性。功能属性介绍了模块的实际作用;逻辑属性介绍了模块如何实现其自身的功能;状态属性介绍了各个模块之间的联系以及各自的使用条件。

对模块的功能进行具体化的定义后可将其再细分为逻辑模块和物理模块。系统逻辑模型中定义的模块基本上都是在描述模块的处理功能,因此都属于逻辑模块,例如,数据流程图上的"劳资统计"和"订单处理"模块。物理模块是指通过人工活动中的具体工作或者使用计算机程序来实现逻辑模块的具体功能模块,程序和人的活动都是物理模块的表现形式。

模块的分解、组合特性决定了其大小的相对性,结合实际情况对其规模进行调整是必要的措施。层层分解可以将一个复杂的系统分解为由若干小模块组成的子模块,而且这些子模块之间形成了非常清晰的层次结构。从逻辑上来看,系统包含大模块,而大模块包含小模块,直至将模块分解为最下层的、可执行具体任务的工作模块。

经过层层分解的模块在功能上相对独立,因此可以进行单独设计或者更换。当系统中增加或删除某个模块时,仅是在不影响其他模块的基础上增加或者减少了某一种功能。这种将功能通过模块分解的方式使系统的修改和维护变得非常方便。

2. 模块结构的图形表示

在模块结构图中通过在方框内写上模块名称对其进行表示。模块之间的调用关系用箭头表示,且被调用模块在功能执行完毕后就应该返回调用模块。

在带有小圆圈的箭头旁边写上信息的具体内容就可以表示模块之间的信息传递关系。当传递数据类型信息时可用符号"○→"表示,如果传递的是控制类信息就应该使用符号"●→"表示。重复调用、选择调用和顺序调用组成了模块的三种调用关系。

（二）模块结构图设计

模块结构图设计的第一阶段需要根据数据流程图将整个系统当成一个模块并对其进行逐层分解，其分解过程是在遵守相关原则的前提下确保数据流程图中规定的任务能够得到实现且处理顺序也要符合要求。模块之间的层次关系需要使用标准的信息传递图形来表示，且分解过程中要考虑其功能是否容易实现以及结构层数是否合理。模块结构图设计的第二阶段是通过功能分析提高模块的聚合度，进而提高其独立性，最终目的是将不同模块之间的关联度降到最低，以方便模块的修改和维护。

模块结构图设计往往难以一次达到最优的效果，因此需要设计者通过反复推敲和实验确定最优的设计方案。另外，从同一个数据流程图中抽调出不同的初始模块结构图并通过反复比较来确定最优方案，也是一种开展模块结构图设计的常用方法。

变换型数据流程图和事务型数据流程图是两种非常典型的流程图结构，而这两种结构分别对应各自的结构图设计方法，即变换分析法和事务分析法。二者的设计过程有一定的相似性，都是先从流程图中抽象出系统主模块，进而对其进行自上而下的逐层分解，直至获得一个结构清晰、功能相对独立的系统结构为止。下面分析这两种结构图的设计方法。

1. 变换分析法

变换型数据流程图是一种由逻辑输入、主处理以及逻辑输出构成的线状结构流程图，其功能是对输入的数据进行变换。变换分析法是在充分分析该数据流程图的前提下，从变换型数据流程图中导出模块结构图的一种方法，其分析过程包括三个步骤：

（1）在数据流程图中区分主处理、逻辑输入以及逻辑输出。通常情况下，主处理一般位于多股数据流的交汇处，而逻辑输入和逻辑输出总是位于主处理的两边。

（2）结构图最上层模块的位置和功能通常由主处理来决定，因此可以根据主处理设计结构图的最上层模块。从最上层模块开始，按照一定的顺序继续设计输入、变换和输出等下级模块。

（3）完成两个步骤后就可以按照从上到下的顺序，通过逐层分解和细化的方式设计结构图的中下层模块。结构图中的输入和输出部分可以根据数据流程图一直分解到其输入、输出端。结构图中的数据变换部分要结合数据流程图中主处理部分的实际情况进行分解模块的设计。

2. 事务分析法

事务型数据流程图将某一个主处理的输入部分划分成一系列平行的数据流，进而通过有选择的执行来实现某个处理功能。在设计结构图的过程中需要在充分分析该事务型数据流程图的基础上，找出事务处理中心，进而通过层层分解和细化的方式设计主模块与包含输入检查和选择处理两个部分的第一层模块。之后，根据事务处理的类型差异设计具体的事务处理模块，并进行进一步的分解，直到每个事务处理都具备一个独立的操作模块。这样，一个完整的系统模块结构图就在这一过程中产生了。

系统数据流程图大部分情况下都是以上两种典型数据流程图的结合体，因此设计模块结构图时需要将事务分析法和变换分析法结合起来。一般情况下，先使用变换分析法确定出数据流程图的主处理，并在此基础上设计出结构图的主模块，再结合数据流程图的结构特点综合运用以上两种结构图设计方法完成一个科学合理的系统模块结构图。

（三）模块分解设计的基本原则

无论是程序结构设计还是系统结构设计，最终都要着力于模块的分解设计。模块的分解设计包括以定义模块内部逻辑构成为主的内部设计和以解释不同模块之间相互关系的外部设计。模块聚合、模块耦合设计指标在很大程度上决定了模块分解设计的质量，因此成为判断系统设计质量、衡量模块分解独立性以及设计合理性的重要依据。下面介绍几种指标的概念以及模块分解的基本原则。

1. 模块聚合

一个模块内部往往包含多个组成部分，这些组成部分存在一定的联系，而模块聚合则是对其内在统一性进行描述的重要指标，同时，这些组成部分聚合在一起所形成功能的专一性也可以由该指标反映出来。组成部分的聚合一般可分为七个等级。

（1）偶然聚合。偶然聚合模块是由多个原本毫无关系的功能偶然聚合在一起所形成的聚合模块。其往往存在内部组织结构缺乏规律的问题，其聚合之后难以形成明显功能的特点也导致其聚合程度最低。

（2）逻辑聚合。逻辑聚合模块由多个结构上存在差异但逻辑上有一定相似性的功能模块组合而成。调用逻辑聚合模块需要由上层的调用模块向一个功能控制开关发出一个控制信号并在其相互关联的多个功能中选择性地执行其中一个。这种模块的聚合程度较低。

（3）时间聚合。时间聚合模块是指那些原本关系不大却在几乎相同的时间内一起执行的模块组合而成的聚合模块。此类模块的调用需要在特定时间内执行多个处理功能。从聚合程度来看，此类模块的聚合程度为中等偏下。

（4）过程聚合。在过程聚合模块中，同一个控制流程支配多个模块的执行次序，且这些模块聚合在一起能够实现某项业务的处理功能。过程聚合模块中的各个组成部分在功能上存在一定差异，通过控制流将其联系在一起就能够实现功能的组合叠加从而实现对业务的处理。过程聚合模块的聚合程度为中等。

（5）数据聚合。数据聚合模块是指那些由处理相同输入数据或产生相同输出数据的功能模块聚合而成的模块。此类模块在功能的定义上更加合理且在结构上也更加清晰，因此其聚合程度为中等偏上。

（6）顺序聚合。有一些模块的内部处理功能需要按照一定的顺序执行，因为其后续功能的处理需要以前一个功能的输出作为输入，其模块内部的处理功能是同一个线性链上密切相关的功能组合。此类模块就是顺序聚合模块，其聚合程度较高。

（7）功能聚合。

功能聚合模块是指由能够准确定义的单独处理功能组成的模块。通常情况下，一个简单的动词和一个简单的接受词就可以表示一个功能聚合模块，如"处理订单"和"读取身份信息"等。这种聚合方式能够对确定的输入信息进行处理且其输出结果可以预期，因此形成了一种独立性很高的理想聚合程度，且其所具备的"黑箱"特点也在很大程度上方便了模块的修改与分块独立设计。

模块的聚合程度越高，其构成质量也就越高，也就能够提高系统设计的质量。例如，当一个模块执行任务专一性高、系统复杂性低的功能时就可以极大地降低系统设计和对应程序编码的难度，且系统的修改和维护也变得更加简单。由此可见，尽可能提高模块分解时的聚合度是提高模块分解质量的主要途径，且应该以聚合度最高的功能聚合模块为主要的分解方向。

然而，由于量化的模块功能划分难以开展，因此其划分的粗细程度以及聚合程度也都成为相对概念。通常情况下，较高的复杂性导致系统中高层次的模块难以达到较高的聚合度，而经过功能细分所形成的低层次模块，往往在聚合度方面能够达到较高的水平。

2. 模块耦合

模块之间的关联程度、作用关系、接口之间的复杂性以及系统结构设计的整体质量均可通过模块耦合这一指标来反映。组成系统的各个模块之间的关联性越简单，模块之间的独立性就越强，因此模块的设计、修改和维护就更容易独立开展，此时其耦合度也比较低。如果系统中的某个模块出现问题，那么就可以单独进行修复或者更换，而其他模块被干扰的可能性也就越低。

模块之间信息流的类型、接口之间的复杂程度、模块各组成元素之间的联结关系以及模块本身的质量等，共同影响着模块的耦合程度，因此可以根据以上因素将其耦合划分为三种类型。

1）数据耦合

如果一个模块与其他模块之间的关联全部依靠数据来实现，那么就可以将其视为一个"黑箱"。通常情况下，相互之间数据传递越少的模块往往具有越高的独立性，也就越容易进行独立的修改和维护。

2）控制耦合

控制耦合是指模块间除了对数据信息进行传递还要对控制信息进行传递。显而易见，符合控制耦合特点的调用模块并不是"黑箱"，它会依据来自下层模块的控制标志执行不同的处理功能。输入信息的不固定以及控制标志的多样化降低了其独立性并增加了系统维护的难度，因此，应该尽量规避控制耦合。

3）内容耦合

当一个模块在执行过程中，执行内容从本模块转移到其他模块时就发生了内容耦合，这种不同模块的执行内容发生联系的情况导致系统的耦合度达到最高程度，这是最糟糕的一种情况。

模块内容发生耦合的情况会导致任意一个模块的修改都会影响其他模块，因而在系统中产生波动。此类耦合现象使系统模块在修改和维护时的相对独立性达到最低水平，因此在系统设计过程中应该尽最大可能规避其发生。

综合以上分析可知，在设计系统时应该尽量利用模块独立性最佳的数据耦合并规避模块独立性最差的内容耦合。

二、计算机系统的系统逻辑配置方案

开展系统总体设计时应该从系统需求的角度出发，提出其对计算机配置的基本要求，从而确定最终的计算机系统的逻辑配置方案，这一过程并不需要考虑具体的计算机硬件型号。

计算机系统的逻辑配置方案涉及以下几个方面：

（1）处理方式。实时处理和批处理这两种方式中哪个更有利于系统功能的实现。

（2）终端需求数。系统终端（包括计算机）的数量需要根据地理位置、屏幕显示以及联机数据的输入量来确定。

（3）联机存储量。根据计算机软件的存储量、应用软件的存储量以及信息系统各子系统联机存储数据的存储量可估算出联机存储量。

（4）其他设备的考量。根据打印数据的需求初步确定打印机的数量及其地理分布情况，图像处理设备以及绘图仪等也可能存在一定的需求。

（5）系统结构。系统结构的设计中需要结合实际情况对比分布式系统、集中式系统的优、缺点，确定采取其中的某一种或者将二者混合使用。另外，采用何种网络架构以及是否需要远程通信和通信控制设备也是重要的考量内容。

（6）软件。应该根据处理方式确定操作系统、数据库以及编程语言的具体类型，例如操作系统是选择 Linux 系统还是 Windows 系统。

总而言之，模块之间信息量的传递规模、系统处理功能、系统的扩充性以及企业用于系统建设的费用共同决定了系统的软、硬件设备的选择。

三、企业管理信息系统的设备配置与机器选型

企业管理信息系统的设计需要根据逻辑模型的要求来设计计算机系统的结

构,从而将逻辑模型转化为物理模型。

(一) 计算机系统选型

1. 计算机系统选型的主要内容

硬件、软件以及网络都是计算机系统选型的核心内容。从硬件来看,中央处理器、硬盘、内存等是关键部分;软件方面则需要确定计算机的操作系统、应用软件、数据库系统以及各种开发工具等;网络服务器的类型以及通信软件是网络方面要确定的主要内容。

2. 计算机系统选型的基本原则

计算机系统选型并不是选择最好的设备,而是在达到企业管理信息系统设计要求的前提下不超出给定的投资额度。系统的整体结构要有一定的技术先进性且要尽可能利用现有资源,软、硬件,网络以及其他相关设备必须满足系统建设的时效性要求。另外,若设备出现故障,则必须具备可提供便捷、优质维修服务的条件。最后,选型工作应该遵循一定的方法和步骤。

(二) 计算机系统选型的方法

进行计算机系统选型时可以采用信息调查法或者方案征集法。信息调查法是指从处理过相同问题或者类似问题的用户那里以调查或访问的方式获取具有参考价值的经验,并根据问题的规模和性质确定软件的配置。小型项目大多使用这种方法来完成计算机系统选型。方案征集法是指用户向提供计算机软、硬件系统开发及配置服务的厂商提出自己的需求,厂商则根据用户的需求提出自己的方案和报价,用户通过方案对比或者专家评审从不同厂商的方案中挑选出性价比最高的方案。该选型方法多用于大型项目。

(三) 计算机系统选型配置步骤

1. 确定计算机系统的基本要求

计算机系统的开发、维护、扩充以及性能都由其结构决定,因此需要谨慎开展其结构设计工作。设计内容主要涉及三个方面。其一,设计计算机硬件系统。计算机硬件部分的 CPU 处理能力、内存及外存的最大容量都在很大程度上影响着企业管理信息系统的性能,因此成为硬件设计的重点。其二,设计网络的总体结构。这部分主要是对网络通信结构和信息处理模式进行设计。其三,设计数据通信网络。这部分主要是对网络拓扑结构、网络通信协议、通信设备配置以及网络软件进行设计。

办公室的地理位置以及实际业务决定了通信设备的配置，具体选择时需要遵循以下原则：第一，某个岗位是否需要配备计算机、打印机、光盘机等设备由实际业务需求所决定；第二，有些业务需要为岗位配备微型计算机，否则只需要提供一个主机的终端即可；第三，如果具有联机数据通信的需要可以根据办公室的具体位置确定网络联机的方案；第四，网络传输介质的基本指标可以通过数据分析中心以及 U/C 矩阵对通信频度的估算实现；第五，确定计算机系统采用何种软件时需要考虑软件对用户的使用难度以及具体的业务需要。

2. 确定可选方案

计算机系统的基本要求和结构确定之后就可以通过对比的方式确定最终的软、硬件设备。

（1）调查选定计算机系统。其一，在选择供应商时要对其社会信誉以及产品质量和口碑等信息进行调查从而规避采购风险。其二，采购系统时要结合当前的需求和长远的需求来确定系统是否具有良好的扩充性。其三，对计算机硬件系统的可靠性以及数据库管理系统的性能、稳定性等进行调查。第四，新系统应该在良好兼容原有设备的情况下达到良好的性价比。

（2）将调查结果汇总为书面报告。报告中应该包含的内容如下：选定计算机系统的性能指标数据和系统结构图；计算机系统涉及的硬件产品、软件产品以及网络产品的报价清单（有时候还需要对计算机系统的特殊部分进行一定说明，此部分也需要体现在报告里）；对厂家信誉度以及新系统与旧设备兼容情况的分析。

（3）确定方案。根据业务需要确定计算机系统的逻辑配置要求之后就可以设计其具体结构。当然，在这一过程中需要充分考虑用户的资金投入，然后将确定好的软、硬件配置填入相应的配置表。

3. 费用概算

这一部分主要是对计算机系统的软、硬件设备投资，整体的安装及维护费用以及人员培训的费用进行概算。值得注意的是，安装及维护费用可具体细分为计算机软、硬件的安装及维护费用，基础设施的维修及改造费用，管理信息系统的安装及维护费用。

第四章

企业决策层信息系统及其应用

在信息化社会，公司的决策在很大程度上借助互联网的决策支持系统。

第一节 决策支持系统与经理支持系统

一、决策支持系统

（一）含义

决策支持系统这一理念的发展历程较长，最早可以追溯到 20 世纪 70 年代。决策支持系统是由多方面的智能技术支持的，涵盖了管理、信息、计算和人工智能等内容。决策支持系统在运行时必须以 MS 为基础。对决策支持系统进行分析可以发现，其仍需要以计算机技术和信息技术作为其根本支撑，其主要功能就是帮助决策者对一系列的决策问题作出回答。在这一系统的帮助下，决策者的决策水平、决策质量都会有明显的提升。从系统的整体构造来看，它由复杂数据的分析模型和专门与用户进行交流沟通的软件组成。从存在意义上来说，决策支持系统将功能的发挥放在了辅助位置，因此在进行决策管理时，它是一种半结构化的形式。从简单意义上来说，决策支持系统在工作时仍然以用户的需求为根本出发点，仍然处在用户的控制下。从本质特点来看，决策支持系统是一种双向的人机组合系统。在进行专业领域的问题分析时，决策者受自身的能力限制，对问题进行决策分析时，凭借自己的能力可能难以做到理性决策，或者难以达到理想的决策效果。这时决策支持系统的辅助作用就被充分发挥出来。决策支持系统与一般决策系统相比有许多优点。例如，决策支持系统并不是以提供一个最优方案为直接目的，其主要是为了逐步提高决策者的能力。虽然决策支持系统的理想出发点是美好的，但是在实际应用中很少有决策支持系统能够达到这一水平，所以，为了更好地帮助人们认识这一系统，专家将它的定义进行了扩展和延伸，大多数情况下将其定义为一种对决策有帮助的系统。

（二）特点

若要更全面地了解决策支持系统，必须对其特点进行全方位的分析。大致来说，决策支持系统的特点可以从以下几个层次进行阐述。第一，决策支持系统对所解决的问题有一定的要求限制，其往往倾向于那些不固定的问题，如半结构化或非结构化的问题。深究其原因可以发现，结构化问题的解决往往是一个单一的过程，但如果想要解决半结构化或者非结构化问题，需要进行反复的探讨研究。其中，决策者的思考能力、探讨能力就会在无形中提升，并且这类问题存在很多不确定因素，这也是要进行反复探究的原因所在。从本质上来讲，这是一个反复实践、提升认识的螺旋上升过程。第二，决策支持系统更强调支持。但是这一系统并不为决策者提供一个完美的方案，它主要以提高决策的能力为基本出发点，所以主动权仍然把握在决策人手里。第三，决策支持系统的人机交互性非常强。在进行问题决策时，人机交互非常有必要。在决策时，决策者的意见和系统提供的方案能够相互协调，以此达到最佳效果。第四，决策支持系统对效果和效益的追求愿望是十分强烈的。应用效果良好也就意味着它能够让决策者作出正确的决策，其所带来的直接影响就是给经济、社会等各方面带来效益。从这一方面来说，决策支持系统是一种非常有效率的工作系统。第五，决策支持系统在进行分析时会使用大量数据和模型。在整个决策过程中，系统中所储存的数据量是非常巨大的，对相关问题的解决有足够的信息和模型提供支持。数据和模型的多方面运用能够将问题立体化、具体化、准确化，并能生成多种可行方案进行综合比较，以利于最佳方案的得出。最后，与其他决策系统相比，决策支持系统的操作更为简便，其系统界面有好的人机交互项目，并且操作难度系数不大，对于非专业人员有利。这也是决策支持系统能够被普及并获得成功的关键所在。

(三) 类型划分

对决策支持系统的特点进行了全面且有深度的了解之后,接下来就要详细分析这一系统的大致类型。总体来讲,根据所解决问题特性的不同,所对应的决策支持系统也有差异。一般来说,对应关系具有很强的针对性和指向性。从这一特点来看,每一个决策支持系统都有自己的专长、应用领域和不足之处。那么在进行应用时既需要了解所要解决问题的特点,又要了解决策支持系统本身的性质,根据决策支持系统的不同特点,可以将这一系统划分为几个类型。在进行标准的划分时,划分种类标准不同,所划分的种类范围也存在差异。举例来说,如果按系统的应用范围划分,那么有专用和通用之分。专用决策支持系统简单来讲就是只应用于某一特殊领域,而通用决策支持系统能够进行大范围的应用,适应性很强。按照发展进程,决策支持系统有传统类型和智能类型。传统的决策支持系统出现时间较早,与现代社会生产出来的智能决策支持系统相比,功能远远不如,但是它也有自身的特色,传统决策支持系统的历史较为悠久,所以积累了相当丰富的决策经验。按照使用方式,决策支持系统有个体和群体之分。从决策支持系统的影响程度来看,可以将决策支持系统分为文件检索系统、数据分析系统、信息分析系统、统计模型系统、模拟模型系统、优化模型系统、建设模型系统七类。其中,文件检索、数据分析、信息分析这三个系统是直接面向数据的,主要任务是对输入的繁杂数据进行检索和分析,其余四个系统主要以模型为基础,主要任务是解决具有一定难度的问题,并寻求最优结果。

二、群体决策支持系统

(一) 含义

对决策支持系统有了大致了解后,要着重研究决策支持系统中的群体决策支持系统(Group Decision Support System,GDSS)。虽然决策支持系统主要应用于个人决策领域,但是就现实情况而言,在进行决策时,决策过程是需要群体参与的。一个企业发展前景的决策需要群体参与的原因有很多,其中包括个人决策的局限性、个人决策能力的有限性以及片面性。群体的力量对消除局限性有很大的帮助，因此出现了群体决策支持系统。该系统的基础技术和基础原理仍然与决策支持系统相同，它与决策支持系统的最大区别就是侧重于群体。目前，经济全球化的发展态势不断增强，出现了各种跨国公司，这种组织布局是较为分散的，为了能够在异地也能向领导汇报及时、准确的信息，并进行组织沟通，人们需要群体决策支持系统，在行业激烈竞争形势的压迫下，群体决策支持系统越来越被各公司所青睐。现代社会科技发展迅速，计算机技术、信息技术的发展也为群体决策支持系统的发展奠定了基础。就现实情况而言，群体决策支持系统已经有了较大范围的应用。

（二）特征

虽然群体决策支持系统的理论和技术仍然以决策支持系统为基础，但是二者还有一些较为明显的区别，具体表现在以下几个方面。首先，在工作流程的设定方面，与决策支持系统相比，群体决策支持系统对工作流程的设定更严格、更标准。它能够根据决策者的性格特点进行合理分工。其次，在改善群体决策的效果和效率方面，群体决策支持系统的功能较为突出。在应用范围方面，群体决策支持系统的应用范围更广泛，无论是个人决策还是群体决策都能运用这一系统，而决策支持系统在群体决策中应用则较为局限。再次，群体决策支持系统内部有一些一般决策支持系统所不具备的内部机制。群体决策支持系统主要应用在群体范围内，与个人决策相比，群体行为产生消极行为的概率更大，所以必须制定一些特殊的内部机制应对这些消极问题，由此产生了内部机制的差异。对于信息渠道，群体决策支持系统能向角色成员提供多种获取信息的渠道，并且为了保证信息的准确性，还制定了专门的审核制度，对各角色成员的信息和请求进行接受、审核和发送。最后，群体决策支持系统受到时间、空间的限制很小。

（三）选择

在选用群体决策支持系统时，要根据这一系统所需要的决策环境、要求、特点等选择适用的系统并加以应用。常被选用的群体决策支持系统大致可分为以下几类。

1. 决策室型

在一般情况下，这种形式等同于传统决策行为中的电子会议。在进行这一群体决策支持系统的运营时，必须有硬件设备的支持。先要准备一个特殊的房间，大体上与传统的会议室相同，但布置上有一些特殊要求。每个参加人员都必须拥有属于自己的电子设备，并且终端和节点都掌握在自己手中。会议室内所分布的桌椅呈马蹄状，参与人员围绕大屏幕坐在一起，这种决策环境有利于决策者进行信息交流。

2. 局部决策网络型

这一类决策方式较为特殊，主要应用于异地决策。参与者不需要聚集在同一房间中，而是分布在不同的地方，但可以进行集中的决策处理。这一方法的主要运行依据是有一个中央处理机储存公共的应用软件和信息资料。利用局域网实现成员与成员之间、成员与中央处理机之间的通信。这种方式与上一种方式相比更加灵活，消除了空间上的限制。

3. 传真会议

这种方式与局部决策网络型相同，在很大程度上不受空间的限制。但在特殊时候，仅靠异地的传真会议是不能实现决策要求的，必须进行面对面的决策群体会议。在这种情况下，各成员之间的决策主要通过通信技术和互联网技术连接在一起。

4. 远程决策

这种决策方式的应用范围非常有限，人们对这种形式的决策支持系统的关注度不高，但其发展前景却是较为光明的。

三、经理支持系统

（一）含义与功能

与决策支持系统相比，经理支持系统所受的关注和青睐程度是较低的，在对它进行阐述时，仍然采取分层方法。经理支持系统多应用于高层管理者。它的管理重点被放在企业内部有关成功与否的关键信息上，这个关键信息的范围涵盖内部和外部。经理支持系统的历史可以追溯到20世纪70年代，主要针对高层管理者，由于其服务对象的特殊性，经理支持系统与其他支持系统的区别较大。经理支持系统的功能是多样化、多方向的，在企业发展方面能起到非常大的推动作用。可以说，良好的经理支持系统能够大大增强企业的核心竞争力，甚至可以帮助企业预测未来发展的可能性和方向。经理支持系统大致具有以下功能。

（1）经理支持系统能够帮助高层经理很好地解决一些非结构化的决策问题，从多角度提高高层经理的决策能力、决策水平和最终的决策质量。

（2）经理支持系统在图像功能方面有非常突出的表现，图像给人的感受是非常直观的，提供信息时能够以多种不同的直观形式进行表达。

（3）在通信能力方面，经理支持系统有非常卓越的表现，信息的获取非常及时、准确。

关键性数据的分析采用筛选压缩和跟踪的方式，为了保证支持系统的操作简单性，其输入方式较为简单、便捷。更为重要的一点是，经理支持系统完美地适应了高层经理的行事风格，并且其对开放性问题的解决能力也是非常强的。

（二）结构组成

在信息报告系统这一环节中，对经理支持系统信息需求所采取的处理方式是借助成功因子的作用满足信息需求。为了最大限度地保证信息需求能够被满足，信息报告需要涵盖的内容是非常丰富的，如生产信息、市场信息等，详略程度需要根据实际需求确定。在这一阶段，高层经理所得到的信息报告是第一手资料，因此信息的准确性是极高的，对生产经营的决策和控制有非常大的作用。办公支持功能着重体现在两大方面，即信息收集和效率支持。从本质上来看，办公支持处在一个中转部门的位置，通过这一中转部门能够将战略思想准确传达到各关键部门，它是整个经理支持系统中最基本的部分。在日常工作中，高层经理所管理的事务是繁杂多样的，为了保证办公效率，办公支持这一环节的效率必须得到有效保证。最后一个阶段是经理阶段。从其特点上看，经理支持系统与决策支持系统有一个很大的区别，那就是前者本质上是一个人-机系统，是整个系统运行的核心。进行事务处理时，高层经理有权进行管理决策和辅助决策。高层经理是所有有效信息的汇集方和决策信息的输出方。

第二节 决策支持系统的运作

一、驱动决策支持系统的四大核心技术

驱动决策支持系统需要数据库（DB）以及数据仓库（DW）所构建的技术环境，此外，还需通过相关技术形式与设施的配合，即联机分析技术（OLAP）与数据挖掘技术（DM）。以现阶段的技术研发水平，数据库+数据仓库+联机分析技术+数据挖掘技术为最优实施手段。数据库可作为重要的原始数据集合中心；数据仓库可进行数据的重新分类、整合、筛选以及转化，同时通过全局数据视图的类型进行录入；联机分析技术主要以分析功能为主；数据挖掘技术则用于智能化的信息筛选。

（一）数据库技术

数据库在实际应用的过程中需要注重两方面的技术基础，即运行卓越的数据库驱动核心以及高效、精确的数据查询模式，以此确保联机分析的正常运行。

数据仓库内部的信息量巨大，通常采用"并行数据库"进行信息收集与管理。数据仓库能够提供较大的储存空间，同时，通过检索技术可以快速选中所需信息，因此需对该技术引起重视并实施应用。此外，数据仓库内部的信息可能来自不同的数据库，并且在属性上存在差异，所以还需结合不同数据的处理程序。

（二）数据仓库技术

数据仓库在相关理论中被定义为服务于管理工作并提供决策参考；服务于主要项目；具有统筹性、可变性以及长期性的数据结合体。进行理论分析时，可分以下两类进行讨论与研究。

1. 服务于主要项目

数据仓库为企业主要项目提供重要信息，比如，消费者在通信公司购买不同数量的服务项目时，通信公司可向其提供所有已购的服务数据，一方面，有助于企业收集消费者的消费资料、消费习惯和趋势；另一方面，有助于企业对消费者的划分，从而定向投放产品。若消费者的服务项目缺乏统一的工作执行标

准，则容易使企业不同部门根据自身的运营模式收集客户的消费习惯，而缺乏统一的数据反馈。

2. 具有统筹性

数据仓库在应用上可通过转化的形式，使来源不同的数据在原系统编码被删除的基础上，将特征、属性及其他相同的数据整合至统一的数据库内部。此外，数据仓库内部存储的信息还可通过时间节点进行分类，使企业在管理工作与决策工作的执行过程中，可以结合数据变化的规律以及局势等制定发展计划。

在实际的技术建设以及应用上，数据仓库的应用成本往往较高，技术、管理以及决策部门在企业主要项目的工作中应加强策略研究和探讨，由此组成成本较大且耗时较长的工作目标。在这种环境下，统筹性能更优、接口完整且费用更具竞争力的数据集市诞生。在现阶段，世界范围内对数据仓库的研发支出超过半数投向数据集市的研发工作。数据集市与以往的数据仓库存在一定差异，其空间更加浓缩；在应用上，数据集市主要用于企业重要发展项目或者部门级别的专项应用。另外，数据集市还可对已有的数据信息进行分析，由此制定出最优的市场准入策略，为用户以及企业拓展出成本低廉的数据分析、管理方案。

（三）联机分析技术

联机分析技术主要用于线上平台的数据分类、检索和筛选。在实际的应用过程中，联机分析技术需要对大量数据信息进行分类、整合与筛选，使企业在相关的数据信息的应用上实现多位平台的数据专项检索以及报表编制。联机分析技术在数据信息的处理工作上，根据使用者的需要对信息内容进行整体性、循环性的检索与筛选，同时，通过提取核心数据的验证方式，最终提供符合预期标准的数据信息。由于复杂的技术因素在使用上得到了简化，不同部门和不同使用者不必掌握过多的专业知识，也不必是计算机技术领域的专家，便可以较为流畅地使用该技术。

在数据的建模过程中，联机分析技术能够通过不同维度的分析方式实施数据处理工作，主要的分析形式包含下列四种。

1. 分层渐进分析形式

该形式主要通过数据发展的渐进性进行分析。比如，在空间维度上，通过区域模块的数据联通次数进行分析，进而使空间模块逐渐细化，并推断出主要的数据模块联通次数。

2. 整合分析形式

该形式可使数据分析逐渐简化。比如，用户进行数据访问时，调出其访问次数较多的数据记录，同时，根据其域名等信息分析出客户所属国家及其数据访问次数。

3. 片化分析形式

该形式是在多维数组中选择任意一维，使其成为整体数组的片化部分，随即实施统计与分析。比如，将域种类设定为".edu 格式"，然后实施片化，进而通过反馈信息显示其点击数量。

4. 模块分析形式

该形式主要通过多维数组中选择任意维上的模块，进而得出相关数据反馈。比如，设置多维数组为时间类型，定值为"2020 年 2 月—8 月"。

（四）数据挖掘技术

在数据库内部通过分类和筛选，使数据信息符合用户的偏好，该过程即数据挖掘技术的主要应用方式。从更广泛的角度看，该技术为真实性数据以及分析类数据的整合体，是探寻潜在关联性的数据辅助程序。通常情况下，数据挖掘主要包含筹备、检索、成果展示与分析三大环节。

1. 筹备环节

该环节通过整合数据库或其他来源的数据资料，并对其进行分析、归纳、分类和补充，使下一阶段的数据处理工作具备一定的快捷性。

2. 检索环节

该环节通过多种数据检索技术，使数据库中的多种数据资料实现合理分类及归纳等，并将其输出为符合相关用途的数据资料。检索环节中以 AI 型数据挖掘算法以及技术手段作为数据检索的核心。相关算法以及技术手段主要包含人工神经网络（Artificial Neural Network，ANN）、遗传算法（Genetic Algorithm，GA）、邻近分析法（Neighborhood Analysis，NA）、决策树（Decision Tree，DT）等。工作类型主要包含相关性检索形式、排序检索模式、整合检索形式、分类检索形式、演变规律检索形式以及特殊检索形式。其中，相关性检索形式的应用较为频繁，主要用于建立隐含数据之间的关联性；排序检索模式主要用于探寻数据的时间属性，同时进行排序；整合检索形式主要用于相同数据类型的划分；分类检索形式为整合检索形式的相反形式。

3. 成果展示与分析环节

该环节指用户预期的数据信息需求通过相关技术手段进行筛选、分类与整合，最终呈现具有效益的数据资料。

"啤酒与尿布"是较为著名的应用数据挖掘技术的案例。某企业管理者在产业扩增的基础上，为使产业管理得到一定改善，随即通过数据仓库技术的应用，整合了多家商店12个月以上的初始交易信息。此外，在初始交易信息的整合过程中，管理者应用数据挖掘技术对市场数据进行检索、归类与分析，研究哪些商品组合被消费者购买的次数最多。数据研究表明：啤酒与尿布为消费者购买次数最多的商品组合。一般情况下，两种商品在用途、属性以及外观等方面均难以让人将它们联系起来。若没有通过数据的收集、整合、分析、归纳等程序，则管理人员很难探明商品销售背后的数据情况，而真实情况为：家庭主妇在多数情况下会在下班之际吩咐她们的丈夫购买尿布，而在购买尿布的过程中，由于购买者为男性顾客，因此啤酒的购买概率也会相对提高。对此，管理人员在商品销售过程中将两种商品的位置整合到一个区域，由此使两种商品的销售量得到共同提升。由于该案例不同于商品销售的惯性思维，因此在相关领域为相关学者及研究人员所称道。

二、决策管理中的联机分析技术

决策管理工作是将数据与信息二者整合、优化、分类以及实际应用的过程。决策管理工作信息化的核心是数据管理技术的应用。通过技术手段和管理手段的优化，实现管理信息的优化以及工作效率的改善。

（一）联机分析技术的原理阐释

联机分析技术在应用上可帮助数据分析工作者以及实施人员通过多种途径对初始信息进行转述，进而为数据信息的使用者提供可靠的、可理解的、多角度的企业运营信息。该技术实际上属于数据信息分类、整合以及进一步优化的技术,在实际应用中能够为多数管理人员提供高质量的数据信息。

联机分析技术多数情况下需要结合数据仓库技术应用,通过制定不同维数的信息模型,进行多角度的信息探究以及整合,使数据在应用上具有一定的独立性。数据挖掘技术侧重于数据信息的智能化检索,在数据信息检索的过程中形成新的数据模型,从而拓展数据分析与应用的业务形式与决策方案。

联机分析技术的应用途径较多,比如市场运营、网络销售、以往经营数据的整合与分析、企业财务信息管理、管理质量分析、盈利分析以及工作实施成果分析等。

(二)功能形态与应用特征

从狭义的角度分析,联机分析技术具有信息引导功能、检索功能、建维功能、决策分析功能以及数据检索功能等。其应用意义在于帮助企业管理人员根据多种数据类型、多种思维模式以及多种企业运营情况,制定合理的企业运营决策。

1. 主要功能

联机分析技术能够对企业运营工作与决策工作的数据分析进行分类、整合以及优化,进而将企业复杂、数量众多以及来源广泛的数据信息以主要形式呈现,由此为企业管理人员和决策人员的工作执行提供质量较高的经营数据。

2. 主要特征

联机分析技术在实际的应用过程中具有五大特征。第一,迅捷。该特征主要体现在该技术形式对使用者的需求反馈时长不超过 4 s。第二,研究。该特征主要体现在在系统内部的数据处理过程中,通过一定的逻辑与统计措施进行优化分析、研究,使用户的数据检索流程得到一定优化,同时满足用户预期的数据整理需求。第三,数据具有流通性。该技术可使内部数据在多个用户之间进行信息转存。第四,多方位。该特征展示了联机分析技术的运行本质。数据系统在信息处理、分类的过程中,可满足不同维度的数据信息需要。低维度的数据信息可以对使用者输出高维度的数据信息。一方面,该技术可以通过多维度的数据传递方式进行传播工作;另一方面,该技术可以满足使用者对数据信息的特殊需求。第五,信息。无论数据量有多大,也无论数据存储在何处,联机分析技术系统能及时获得信息并且管理大容量信息。

联机分析技术的英文名称可以体现其两方面特征：在线性，突出使用者应用过程中的迅捷反馈和交互运行模式；多维度检索与分类，其属于该技术运行的基础。维度的概念主要指数据信息的种类和性质，相同种类和性质的数据信息形成一个维度。比如，在百货零售商的经营过程中，影响其正常运营以及盈利的因素主要包含商品类型、经营时长以及环境因素等。经营者在商店运营过程中往往需要了解某种特定商品在一定时间内的销售情况。此过程中的销售环境、时间段以及特定商品都属于某一性质的维度。不同的销售时间、环境以及商品属于不同性质的维度。当完成商品销售时，可形成新时间段的维度，对于数据维度之间的分类、判定以及导入需从多个角度进行分析。

联机分析技术在实际应用的过程中可通过不同维度的数据质量反馈，使管理者和决策者可以在数据获取过程中改善速度与精确度，从而在一定程度上减少信息部门的工作需求。另外，可以通过数据传递的形式，使使用者在数据信息上具有更大的操作空间，同时，对企业运营产生的大量数据信息进行结构优化与数量整合，帮助使用人员较为便捷地使用数据信息，为企业的分析工作、管理工作以及决策工作的执行提供质量较优的数据分析结果，提升企业的综合实力。联机分析技术的功能包含六个方面，即提供不同维度的数据模型，提供分析的建模工具，进行数据信息传递、分析以及检索，整合数据信息，结合以往数据分析未来的演变形式，满足不同维度的信息储存要求。

（三）主要类型分析

数据信息在物理形式的储存上具有多种方案，比如通过关系数据库结构实现关系型在线分析处理（ROLAP）和通过多维类型结构实现多维在线分析处理（MOLAP）。

1. 关系型在线分析处理

该方式通过不同维度的数据信息存储，将数据结构分为两种形式的表，即事实表和维表。前者主要用来保存重要信息与维的定义名词；后者主要用来描述不同维度之间表储存的维度类型。二者通过构建一定的联系组成多维度形态。为优化内部存储空间，特定维度中存在的数据信息可通过复数表进行划分。该种形式名为"雪花模式"。

2. 多维在线分析处理

该方式主要通过不同维度之间的数据信息管理模式进行保存、分类与归纳等,同时,拥有层次较高的分析系统。此类型中的数据存储模式并非通过表的记录模式实施,而是通过类的概念和方式进行分类与储存。多位在线分析处理通过立体数据维度技术,将算法以及所需数据种类的不同维度进行结合,使其在结合、分类以及归纳的基础上进行数据展示。

事务处理系统中的信息在多种算法的运算下转入多维数据库,同时,构建必要检索条件,使算法设置可以在一定程度上改进数据查询的精确度。此外,根据使用者的质量反馈,通过算法的进一步查找优化,数据存储、分类以及整合等步骤可以得到一定改善,尽量避免无法进行算法设置以及检索优化等工作导致降低系统快速索引数据信息的速度。

三、联机分析技术的运作

(一)联机分析软件的使用特点

联机分析有多种实现方法,根据存储数据的方式不同可以分为 ROLAP、MOLAP、HOLAP。

对于 MOLAP,这种系统主要对已经汇总的数据库内部信息进行混合研究,因此需要企业内部再根据固有的数据建立一个多维的数据库,这种多维的数据库适用于预算编制、财务分析以及盈利预测等工作,同时,多维的数据库能够直接跳过单笔交易的手续直接根据交易进行的时间、金额以及顾客进行分类和数据的存储。这种数据形成的方式能够缩小存储空间,非常方便客户对信息进行检查,一般内存为 20 GB 左右。

但是由于关系数据库的存储量远远大于一般多维的数据库的内存量,因此系统的内部分析工作量也就增大了,所以这种工作模式以及信息数据的分析方式非常适用于那些信息精密要求较高的理财公司和保险公司。

(二)联机分析产品的选择

面对当前市面上众多的联机分析产品,企业该如何选择呢?

（1）考虑自身的组织架构以及技术结构组成，保证选择的型号能够符合实际情况。

（2）综合考虑系统的集成性能。如果显示的数据是直接从企业上层的总账中获得的，那么联机分析系统就需要和已有的财务总账相关软件做好连接工作。和哪一个数据库做好搭建工作，以及源文件之间的转换和衔接是首先要考虑的问题。

（3）根据当前业务范围综合确定产品的使用类型。

（三）联机分析技术的使用方法

OLAP 主要有两个表现形式，分别为制作信息报表和分析信息报表。

1. 制作信息报表

信息报表的使用人员往往都是企业内部的财务分析人员或者中高层管理人员，负责管理中央的信息系统，从搜集的信息中发掘未来的市场变化趋势或者及时发现市场运作过程中存在的问题，从而构建解决风险的模型；利用数学理论搭建的模型能够帮助分析市场价格趋势、政策影响等多方面的因素，从而提高预算的准确性。

2. 分析信息报表

任何企业都安排专门的人员对信息进行分析、归纳和总结，绝大部分成员只是参与分享和使用这些信息。有关企业可以借助信息报表或者多媒体简报对信息进行分析，为使用者提供比较正确的决策结果。例如，在联机分析系统中提出问题"如果这个季度的商品价格上调，那么本季度的利润状况将会发生什么样的变化"，则该系统能够使原本复杂的问题变得简单而且科学合理。

四、群体决策支持系统的运作

（一）群体决策支持系统软件

群体决策支持系统软件有以下几种。

1）电子调查表

明确每次会议的主体，为会议提供重要的信息数据，并做好存储调查报告工作。

2）电子自由讨论工具

自由讨论工具能够保证所有的讨论人员在不报姓名的前提下在会场上自由交换和讨论自己的意见。

3）建议评价设备

该设备能够在会议期间结合与会者的参会意见以及内容给出比较公正的意见，从而形成比较有价值的系统。

4）调查搜集工具

使用该工具的目的在于搜集上级部门或者领导最后确定方案后要求提供的有关信息。

5）投票选举工具

投票的目的在于确定最终决策意向，从大众化的投票中找到最佳的方案，并且根据顺序进行排列，因此该工具的设计需要借助数学计算分析软件。

6）评估受益工具

无论是后期的风险估算还是受益估算，都可以通过建造数学模型的方式进行评价。这种工具主要应对未来的公司会议，因为未来的规划对于公司预期受益具有较大影响。

7）决策工具

为了方便最后决策内容在形式上有一个统一的标准，决策工具提供结构统一的数据格式支持。

8）决策信息数据库

该数据库收集了所有与决策分析相关的文档以及各种专业术语，从而形成了统一的标准。

不仅如此，很多附加电子软件同样能够对决策提供很大的帮助。例如，群体决策支持系统所包含的储存、记录、读取项目软件均能够辅助与会者查阅自己计算机中的各项数据信息。

（二）群体决策支持系统会议

群体决策支持系统可以分为不同的类型，其中电子会议系统是比较典型的一种。它在信息技术的基础上能够将会议协调得更加完整、可靠。当前的会议模式不再需要固定统一的会议时间、会议地点和工作人员，而是能够直接将不同的思路集中在一起。目前，世界上最大的软件公司 IBM 公司成功应用了这种模式的会议方式，并且在互联网中将会议中工作人员的计算机端用网络连接起来，同时，会议中工作人员发出的各种数据都会被集中送到控制台，最后通过投影的方式表现出来，表现的方式通常是全方位的，以保证各个方向的画面都比较清晰。

会议决策者利用电子会议系统中的工具箱决定每一次会议统一使用的工具。工具的类型完全由会议的性质以及内容决定。

每个会议室的桌子上都有一个计算机控制设备，参与人员可以完全对自己位置上的机器具有控制权，因此，工作人员能够将自己的文件传输到控制器中，而且屏幕还可以和中央控制屏幕联系在一起，所有人操作的私密性均可得到保证，所有文件在进行传输的时候都是经过加密处理的，有效防止外部因素的攻击。因为是匿名工作，所以控制平台只会显示信息的内容，不会涉及信息的出处，同时，在信息的内容上不会因为同一时间出现多组信息而产生冲突。这个过程中所出现的反对意见或者批评意见都会被直接传输到中央控制系统。

电子会议系统具有比较优越的性能，只要保证所有的输出信息全部被储存在服务器中，当会议结束时，整个会议产生的所有资料就能够全部被共享给与会人员，这给会议工作人员带来了很大的方便。

实验结果表明，电子会议系统对决策的结果具有重大的影响，同时，各次决策任务的性质以及事件背景发生的时间、顺序、因果关系也将会影响会议的最终进程。

（三）群体决策支持系统如何改进群体决策

由于技术的限制，群体决策支持系统当前处于初始研发阶段，在企业日常管理方面的应用比较多，但是在其他重大决策会议方面的应用不多。从使用的前景来看，群体决策支持系统未来具有很大的发展空间，并且将引领时代的潮流。

1. 做好预备计划

群体决策支持系统内部具备电子调查表、写作软件以及计算机分析软件，因此，能够将所有计划好的方案编排完整，在应用过程中提高会议质量。

2. 提高参与程度

传统会议模式下，人数过多将会增加意见的分歧程度，因此规定人数不超过5个，但参加会议的人越少，会议的意义越不能很好地体现出来。群体决策支持系统能够容纳更多人，与会者可以同步提交自己的意见，不需要分步骤发表自己的意见，由系统最后进行最终的判断。这种会议方式的效率比传统方式高很多。

3. 融合开放会议气氛

群体决策支持系统能够营造类似圆桌会议的讨论氛围，递交意见者不仅不需要提交自己的真实姓名，也不需要担心自己意见的正确程度，所以思想上的压力也就大大减轻了，意见的正确率也就可以提高。

4. 不受主观态度的影响

与会者在这样的模式下能够不顾及个人在企业中的身份，也不需要担心个人想法的成熟性。研究表明，在群体会议中参与问题讨论的人越多，则会议结果的正确性也就越高。

5. 公正评价

群体决策支持系统能够将与会人员的所有建议全部进行不署名的备注。这种方式能够避免主观意识干扰决策人员的决策结果。群体决策支持系统能够将讨论人员的讨论集中点引向更加公正客观的位置。与此同时，所有人员能够站在最为公正客观的角度分析问题。不署名的方式方便统一立场。

6. 组织评价工作

通常情况下，群体决策支持系统能够将每次的会议数据及个人意见搜集起来并且归类分析，从而深度发掘最终的解决建议，直到确定会议的最终结果。很多与会人员认为这种方法比较合理。

7. 确定方案以及发展方向

群体决策支持系统比较突出的管理模式是输入签名的时候不需要自己署名，这极大限度地方便了下层管理者参与公司的决策分析服务工作。

8. 保存会议文档

有关企业的实际案例表明，会议上讨论的问题往往都对企业未来发展具有很大意义。很多大型企业在会议后往往需要对这些数据进行再次讨论或者提供给没有参与会议的员工进行参考。企业甚至可以利用这些数据进行外部的宣传工作，在一定范围内解决用户的问题。

9. 搜集外部信息

会议的目的在于讨论问题、解决问题，在讨论问题的过程中难免会产生意见的分歧，这会浪费大量的会议时间。为了提高会议效率，群体决策支持系统及时提供外部的其他知识，为会议明确方向，使与会人员从意见分歧中走出来。

10. 记录会议数据

会议期间通常会产生大量的数据信息，基于此需要研究一些专门的工具存储这些海量信息。如果部分员工没有及时参加会议，群体决策支持系统能够提供之前的信息供他们参考使用。会议即使发生在不同的时间、地点，也不会受到任何限制，与会者仍然能够进行信息的输入。

从群体决策分析系统的应用效果可以发现，该系统能够将闲散的时间聚集到一起，进行充分利用，最大限度地提高会议运行的效果，并且给出比较理想的预测结果。在评估该系统意义的同时，也不能忽略该系统存在的复杂问题，该系统的内部可能形成很多运行结果，并且同一个系统在不同操作者的操作下所表现出来的应用效果也存在差距，会议的进度以及质量同样会对应用效果造成影响。该系统运行内容比较复杂，建设初期投入资金较多，所以当前它只限于国内大型企业或者比较顶尖的大学院校研究室。

第三节 经理支持系统的运作

一、开发和应用

对于高层管理人员，进行经理支持系统建设主要是为了对高层主管进行支持，方便高层主管的工作。要在信息获取方面和信息处理与分析方面加强综合性的考虑，使经理支持系统对管理层的决策能力有着进一步的提升效果。

(一)信息需求

对于高层管理人员的信息需求来说,首先,可以采用较方便的方法,即通过与高层管理人员直接接触得到相关的信息,但是这种方法并不保险;其次,可以通过计算机系统进行工作,方便核实信息,使信息的准确率达到一个高度。经理支持系统能对高层管理起到一定的支持和保护作用,也能够为企业带来更多保障。

(二)内容分析

经理支持系统的分析过程主要包括四个方面:① 成功因子;② 关键行为的标准以及相应的指示器;③ 信息分析的质量报告;④ 数据的来源。对这些方面的思考可以将信息需求转化到一定的应用层面中,这样就能够对信息进行合理的表达。在成功因子方面,主要是根据成功因子的具体特征进行考量,并对各种信息中的成功因子存在量进行数据统计。相应的关键行为指示器指标可以作为衡量用具对高层管理人员进行度量,并且该指标的选择要与相关人员的具体工作情况、工作能力和工作时间以及各方面的客观因素关联。在信息转变为应用信息的过程中,要保证其可靠性,要对信息的质量进行分析,确保整个过程不会出现问题,才能够在应用的过程中发挥相应的效果。数据来源有一定的比例关系,内部来源和外部来源的可用性是不同的,因此要多个方面、多个角度出发,对数据的可靠性、数据来源的可靠性进行分析,保证数据的使用价值。

(三)系统配置

在经理支持系统的安装过程中,要对其软件和硬件两个方面进行综合考虑。在软件方面要具有基本的传输能力,即对信息可以进行保存与传输,通过相关的接口或者基本的处理方式对信息进行处理,并以不同的形式进行传输,实现信息传输的多样化,因此在软件设计方面主要是针对一些办公化的软件进行建设,可以对数据进行分析。

在硬件方面要提供强大的硬件后台,可以对较复杂的数据进行处理,并且对各种抽象的概念进行具体化,通过实际的模型建设可以将各种抽象概念所蕴含的数据表达出来,实现高效化管理。

二、经理支持系统的运作决策

在建设经理支持系统的过程中,首先要有决心,如果缺乏决心,那么即使建成系统也无法真正地信任系统,这不利于企业决策方面的发展以及具体的日常管理工作。要建设一个经理支持系统,应选择合适的方法,如果缺乏相关的新技术,可以委托其他公司进行建设,或者购买相应的软件包使用。如果企业具备相应的技术,那么可以自主设计或者应用联合设计方案来进行设计。这样才能使系统更好地与企业相适应,并且可以与企业的发展配合,也方便以后的检验与维护。

(1)在购买安装包方面,可以选择高效率的软件,但高效率的软件并不能解决特殊问题,只能服务于一般的日常工作。在经理支持系统中利用高效率的软件能够提高个人的工作效率,但是无法满足特殊需要。如果只是在日常决策中对解决日常问题,选择高效率的软件能够更好地适应企业的发展。

(2)有助于提高个人效率的经理信息系统是为了满足高层主管的信息需要特别设计的。可以利用编好的信息软件有针对性地解决问题。利用这一类型的经理信息系统可以更迅速地建立相应的经理支持系统,并且通过购买软件包的方式,可减少开发所耗费的人力、物力、财力。这一类型的系统可以更好地服务于高层管理,减少高层管理的工作难度。在日常生活中,它能够针对高层建设发挥重要的作用。

(3)在公司内部,技术人员自己设计信息系统软件,也可以达到很好的效果,帮助经理支持系统的建设。例如,MIDS 就是一个十分成功的案例。MIDS 并不需要太多的人员去支持整个系统的运作,但是如果缺乏系统运作的支持人员,那么整个系统将会崩溃。MIDS 的主要工作原理是对资料信息来源进行署名,当高层管理人员对数据来源产生疑问时,可以直接联系该人员进行解答,这对高层管理工作可起到很好的帮助作用。由于 MIDS 是企业自己研发与设计的,因此它更加适合企业内部的结构,能够随着企业的变化进行动态的调整。

三、运作建议

经理支持系统并不是一个十分完善的系统,可能会出现一定的失误或者漏洞，因此在使用该系统时，经理人员要结合非计算机方式进行运作，以实现信息控制的合理化，进一步提升高层管理效果。

（一）保存信息

要加强对于各种信息的保存能力。由于不能确定各种信息的价值，因此要对每种信息进行合理保存，以便在需要使用的时候可以及时查阅。可以建立数据库，将信息储存在数据库中，方便以后使用。

（二）激励方式

要建立奖赏制度，对各种信息进行排序，按价值从高到低进行奖励，以激励有价值的信息不断被发掘。

（三）抓住机会

要对任何信息都进行暂时储存，不能放过每一条信息，这样才能够提高发现有价值的信息的概率。

（四）使系统适合个人

要知道系统存在特殊性，只针对个人工作效率进行提升，不是每个人的工作效率都可以得到提升。

（五）利用技术

要加强对于合理技术的使用。对计算机新技术的使用，可以使经理支持系统运行得更加专业化，因此要不断加强对工作人员，尤其是高层管理人员的计算机技术的培训。要增加在企业中关于计算机培训方面的人员，以提高企业内部整体的计算机技术水平。此外，要不断加强对计算机硬件的开发，使经理支持系统得以进一步发展，与企业发展相适应，反馈企业的付出，创造更多财富。

第五章

企业经营层信息系统的组成及其应用

处在纷繁复杂、风云变幻的国际市场中,企业必须运用现代化的信息技术手段从根本上改造经营方式。

第一节 人力资源信息系统

人力资源是所有企业进行正常生产经营所必备的最重要的资源。人力资源信息系统是企业管理信息系统中重要的一部分。在信息化时代,人力资源信息系统给企业管理增添了新理念、新技术以及新活力,促进了企业管理水平的提高。

一、人力资源信息系统的含义

任何企业都有属于自己的人力资源数据,对人力资源数据进行转化,最终得出以信息为表现形式的系统,就是所谓的人力资源信息系统(HRIS)。

目前,人力资源信息系统经常被视为基于计算机的系统。首先,有很大一部分人力资源信息系统并不是基于计算机的系统;其次,人力资源信息系统还应用于与计算机一起工作的人工资源部分。企业中的人力资源部门不仅包括进行人事管理工作的人,还包括负责人力资源数据和信息的人力资源信息系统部分。

二、人力资源信息系统的组成

（一）输入子系统

1. 会计数据处理系统

人力资源信息系统综合人事数据和会计数据对数据进行处理。

（1）人事数据是相对稳定的数据，在本质上为非财务数据，其中包括职员的姓名、性别、文化程度等内容。这些数据在人力资源部门办理员工入职时获得，并在员工在职期间进行数据管理，在员工退休后仍然保留这些数据。

（2）会计数据是财务数据的主要表现方式，如员工薪资、企业利润、税收费用和后勤费用等。

会计情报系统（AIS）为人力资源信息系统获取会计数据，以此补充完善包含人力资源信息的数据库。

2. 人力资源调查系统

人力资源调查系统通过特殊调查项目进行人力资源部门未收录数据的收集工作，收集全方面、多角度的人力资源数据。其工作主要有继任调查、职位分析和评估、申诉调查。

（1）继任调查主要是为职位选择继位人选。例如，某部门的负责人即将退休或离职，公司管理层需要分析候补人选的情况并且选择合适的继位人。

（2）职位分析和评估指的是对企业生产经营活动中的所有职位进行分析和调查，确定职位的工作范围和所需要具备的知识和技能。

（3）申诉调查指的是解决员工提出的申诉要求。

3. 人力资源情报系统

人力资源情报系统的工作是从企业所处的外部社会环境中收集所需数据。社会环境包括政府、供应商、工会、社团、金融界和竞争对手。

（1）政府提供一定的数据和信息，帮助企业遵守各项就业方面的法律法规。

（2）提供职员保险的保险公司、作为新员工来源的大学安置中心和职业介绍所等可视为供应商，它为企业提供招聘和聘用新员工所需要的数据和信息。

（3）工会提供在管理职工和劳动合同时使用的信息。

（4）社团提供描述企业所在地区的房地产情况、公共教育设施情况和生活休闲情况等相关数据。

（5）金融界提供人力资源计划中需要的市场环境和市场经济数据。

（6）在对知识和技能有很高专业性要求的行业中，会出现高水平、高能力人才频繁跳槽的现象。有些企业认为，竞争对手的人力资源是本公司所寻找的人力资源的最主要来源，因此会收集竞争对手已拥有的人力资源情报。

（二）人力资源信息系统数据库

在人力资源相关工作逐渐复杂的情况下，必须利用计算机对数据进行有效维护。使用计算机建立的人力资源数据库，会随着数据内容、存储位置、管理以及录入方式的变化产生多种可供选择的情况。

1. 人力资源信息系统数据库的内容

环境因素从某些角度能够影响人力资源的选择，人力资源信息系统数据库中就收集了关于职员以及公司所在地的环境因素。

（1）职员数据是指企业目前在职人员的相关数据。

（2）非职员数据包括描述企业所在地区的组织（如职业介绍所、大学、工会和政府等）以及职员关系人（例如家属、保险受益人等）的数据。

2. 人力资源信息系统数据库的位置

人力资源信息系统数据库一般存放在企业中央计算机的位置，但是也有部分企业的人力资源信息系统数据库存在于人事部门、其他职能部门或者外部服务中心的位置。

（三）人力资源信息系统输出

1. 输出的基本形式

输出主要表现为定期报表以及数据库查询结果。输出虽然基本上会使用数学模型的形式，但也会有使用专家系统的情况。

2. 人力资源信息系统软件

人力资源服务平台（HRSP）的输出子系统主要分为购买外部软件供应商的产品或者企业自主研发两种情况。

3. 输出子系统

人力资源信息系统模型主要由包含大量应用程序的六个输出子系统组成：

（1）劳动力规划子系统；

（2）招聘子系统；

（3）劳动力管理子系统；

（4）工资子系统；

（5）保险子系统；

（6）环境报告子系统。

三、人力资源信息系统模型

人力资源信息系统模型如图 5-1 所示。

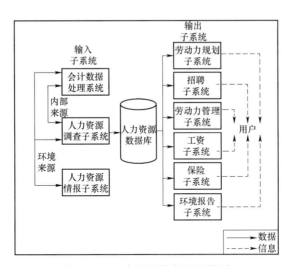

图 5-1 人力资源信息系统模型

在进行模型设计的过程中，人力资源信息系统使用的是与其他职能信息系统的输入子系统、数据库和输出子系统相同的普通模型形式。输入子系统是数据处理、调查和情报三者标准组合的表现。大部分企业将数据库存放在计算机的存储器中。

第二节 制造管理信息系统

一、制造管理信息系统的含义

计算机在制造业中发挥着非常重要的作用，例如，可以利用计算机辅助设计和制造进行机械设计和加工，而依托于计算机的机器人科学也有类似的特点，因此，制造管理部门把计算机视为物质生产系统的一部分，同时将其视为一个概念系统。

原本只是和订货点相关的系统逐渐发展为"物料需求计划"和"制造资源计划"，也就是现在的物资需求计划（MRP）的概念，该系统依托于计算机且提供了库存管理方法；也有不依赖计算机的现代生产方法，准时制生产方法（JIT）就是非常典型的一种。

三个输入子系统和四个输出子系统组成了制造管理信息系统。阐述物质资源作用的实时数据会进入会计数据处理系统。那些用于例外管理的生产标准将由工业工程子系统提供。工会及供应商的情况可以在制造情报子系统中查得。输出子系统将输入子系统输入的数据转化成信息。其中，管理人员通过生产子系统创建和操作生产设备；订货日期和订货量等信息则通过数字公式直接生成在库存子系统内；供应商提供的生产原料通过物流系统进入生产工程，然后变成可供消费者购买的产品，企业的产品质量在质量子系统检查物流的过程中得到保证；管理人员可通过成本子系统反馈的生产信息来控制生产成本。

二、制造管理信息系统的组成

（一）工业工程子系统

工业工程师研究工业制造的运作过程，并根据其中存在的问题提出改进措施，只有经过一定的训练并掌握相关的技能才能从事此类工作，工业工程师不仅擅长设计和运作物质系统，而且对概念系统也很熟悉。数据收集系统的开发人员以及输出子系统的项目成员都是工业工程师。

制定生产标准既是例外管理在制造领域的一个关键部分,也是工业工程师的重要工作内容之一。

每个生产过程的内容及其需要花费的时间是工业工程师制定标准的主要依据。这些标准最终会被记录在数据库中,并与数据处理系统提供的实际数据进行对比,如果在对比中发现异常,就会报告给管理人员。

(二)制造情报子系统

机器、物料以及工人相关的信息会实时地通过制造情报子系统传递给制造部门的管理人员。

1. 劳动者信息

西方国家企业制造部门的经理始终很重视对工人阶层有很强号召力和凝聚力的工会。在企业里成立工会的前提是企业和工会要在期望和责任方面达成共识并形成契约,并且为了确保双方能够遵守契约里的条款,还需要收集双方的履约信息。我国的企业也越来越重视这种信息,因此,企业管理信息系统需要包含此方面的信息。

(1)正式系统。人力资源部门的人员需求是制造管理部门相关人员信息流的起点,外部机构和人力资源部门在人力需求的趋势下建立联系,并将申请者的信息传递给人力资源部门。申请者的信息经过人力资源部门的初步审核后被送往制造管理部门,人力资源信息系统的数据库以及工资单资料中会把被雇佣的申请者的信息录入进去。另外,制造管理部门以及级别更高的管理部门都可以查阅和使用详细反映企业与雇员契约条款执行情况的正式信息流。

(2)非正式系统。每个员工及其与上级的日常沟通组成了员工与制造管理部门之间的非正式信息流。在工会领域,非正式信息流还存在于企业产业关系部门和上层管理人员的沟通中。

2. 供应商信息

大部分企业都会通过采购部门的采购专员进行某些原料的采购工作。生产的质量和效率在很大程度上取决于供应商。采购的原料质量是否达标且原料是否能按时送达是影响生产的关键因素。

(1)选择供应商。第一,潜在供应商可通过填写生产资料和质量控制调查表进入企业的数据库管理系统,这些反映供应商能力的调查信息可随时进行更新。第二,企业通过对供应商的资产负债表以及损益表等反映财务状况的信息进行分析来确定其是否具备进行物料或设备供应的能力。第三,供应商的工厂及其质量控制流程和措施要通过采购员的实地考察予以确认。第四,供应商代表在企业的邀请下参观企业的生产过程并了解其原料如何在生产中发挥作用。采购人员必须始终关注被选中的供应商的供货能力。

(2)供应商数据。供应商数据记录在数据库中。"供应商输入"资料来自供应商销售代表向采购员提供产品手册和目录等信息的过程。当然,如果企业的采购人员主动联系供应商询问产品信息,也可以获得相关的输入资料。企业从供应商处采购之后就会在数据处理系统中产生双方的交易记录。

当生产过程中产生了物流操作时,"质量控制输入"就会从质量控制检验员那里获取相关的物流信息。

客户服务结构除了专门处理客户对产品或服务的退还及修理需求外,还要对客户对企业提供的产品及服务的满意度进行调查。在这一过程中产生了"客户服务输入"。

供应商提供的原料在产品从开始生产到最终投入使用这一过程中发挥着重要作用,而供应商记录则需要将这些作用记载下来。

讨论完数据经过三个输入子系统进入制造管理信息系统的原理后,还应该探究输出系统的原理。

(三)生产子系统

生产子系统能够帮助制造管理部门管理日常生产过程以及创建新的生产工具。由于工厂建设的决策会对企业产生长期的影响,并且还需要进行大规模的投资,因此需要企业的高层主管决定相关事宜。此处讨论工厂建设的相关事宜,重点分析其中的问题以及企业高层进行相关决策时需要参考的信息。

工厂在长期的运作过程中逐渐变得破败、生产工艺和技术水平跟不上时代的发展、地理位置不佳、产品市场发生变迁、产能跟不上市场的需求等因素都有可能促使企业新建工厂,进而导致企业需要面临厂址选择的难题。

一旦决定建造新厂,企业就可以在高层管理部门的牵头下通过一个循序渐进的过程来逐渐缩小场址选择的范围直至确定最终的厂址。企业的中层制造经理对生产制造过程具有丰富的经验，因此可以在这一过程中发挥其专长。

（1）地区选择。在选择地区时主要考虑影响生产和销售的主要因素。例如，地区的劳动力数量及素质、原材料的易得性、气候条件对生产和生活的适宜程度、当地的工会情况等都会成为影响生产的重要因素，而消费者的集中程度则对产品的销售起着决定性的作用。

（2）城市选择。城市的税收制度、交通运输的便捷性、社区服务能力、文化资源以及城市政府部门对企业的管理支持力度等都是选择城市时的重要考量因素。

（3）地段选择。当城市选定之后就需要根据土地成本、交通的便利性、基础设施建设以及街区限制等情况来确定厂址的地段。

土地成本问题、当地的交通运输能力以及税收情况等都可以进行较为精确的量化计算，而地区文化资源以及社区服务态度和水平等因素都是感性因素，不能进行量化。

生产子系统可以通过建立数学模型解决生产问题的结构性部分，计算机的强大模拟功能使人们可以利用线性规划技术进行数学建模并解决相关问题，因此，管理人员在生产子系统的帮助下可以作出任何决策。

在模型化过程中，运用表格、地图等图标法也可以极大地方便厂址的选择。

（四）库存子系统

原材料的库存管理也是制造管理部门的工作内容，而成品的库存管理则由营销部门来负责。

1. **库存成本**

保管费用以及采购费用是决定最佳库存成本的两个关键因素。

（1）保管费用。材料的类型决定了每年库存保管的费用。保管费用主要包括材料的税金和保险费用，还有变质、破损以及丢失所造成的损失费用。该项费用基本上都是用项目年费用率来表示。当库存增加时保管费用也会上高，反之则会下降，保管费用会随着库存而变。

（2）采购费用。将库存水平降到最低就可以使得保管费用最小化。如果订货量减少不会引起其他方面费用的增加，那么可以采用小批量采购的方式来控制保管费用。然而，实际情况是订货量减少会导致采购员花费更多时间和更多的通信费用。

准备采购订单的费用并不会因为采购数量的减少或增加而变化，因此采购数量越少，单位产品的采购费用就越高。

2. 经济订购量和经济生产量

（1）经济订购量（EOQ）。保管费用和采购费用在经济订购量的作用下达到了平衡且两者之和也会因此而达到最小值。对每项原材料的经济订购量进行计算可以达到总体的费用控制目标。应将相关信息记录到库存中。该指标主要用于补充存货。

（2）经济生产量（EMQ）。经济生产量主要用于对成品的库存进行管理。库存运输费用以及无效生产费用在该指标的作用下能够达到平衡且企业也会将该指标与自身的制造职能结合起来补充库存。

如果影响经济订购量和经济生产量的变量值没有发生变化，那么这两个指标就已经达到了不能再进行优化的最佳水平。库存子系统的采购量决策将被这两个指标确定。

在库存管理过程中引入经济生产量和经济订购量就可以提高其管理的科学性。企业的库存成本在库存子系统的作用下可以得到有效的控制进而增加企业的竞争力。

（五）质量子系统

控制产品质量也是制造管理部门的主要工作内容，质量子系统是其开展质量管理和控制的主要部分。

1. 质量控制量的作用

通过质量检测对已经加工完成的产品进行质量管理并不能取得良好的控制效果，因为生产出来的产品已经没有太多的质量改进余地。由此可见，从原材料接收后就开始控制产品质量，并将控制措施贯穿于整个生产过程才是更加优秀的措施。质量控制检测人员通过办公室的数据收集终端和键盘终端将其录入数据库。

2. 提高产品质量的惯例

研究产品质量管理比较成功的企业，并从中总结出相关的质量管理惯例。第一，企业的最高管理层非常重视质量管理工作。第二，实现质量水平管理的年目标。管理层可以通过对生产线上检测点进行检测来了解残次品和废品信息从而实现质量水平年目标。第三，训练有素的工人、干净整齐的工位以及保养良好的生产设备也可以为企业管理质量的提高奠定坚实的基础。第四，通过对供应商进行严格筛选来控制原材料的质量。

质量子系统这一质量管理工具的运用可以让企业生产出质量优良且价格优惠的产品，从而让企业在市场的竞争中走得更远。

（六）成本子系统

控制成本的主要工具就是成本子系统。该系统的主要管理内容是制定周期性报告以及特殊性报告。周期性报告可以通过数据库来调用固定格式的存储数据，也可以使用打印设备将其直接打印出来并分发出去。

成本控制需要关注两个要素，一是良好的绩效标准，二是可以在适当时间报告活动细节的系统。

数据收集对以上两个因素有很大影响。机器操作员、维修工以及巡检员等生产作业人员可以在其活动过程中使用数据收集终端将工厂内的情况通报给制造部门的管理人员。这些信息和其他输入信息的结合和积累能够帮助管理人员制定标准并持续对其进行更新。

三、制造管理信息系统模型

制造管理信息系统作为一个概念系统，在制造领域能够实现的所有应用都包含在该系统中。图5-2所示为制造管理信息系统模型。

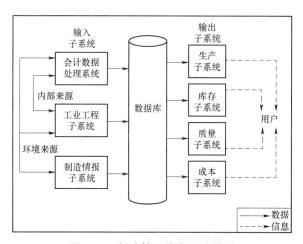

图5-2 制造管理信息系统模型

此系统模型最初的原型产生于西方国家,因此并不一定完全适用于我国企业,在应用过程中可能需要进行小幅度的调整,但其总体的结构有非常广泛的使用前景。

(一)输入子系统

第一,生产制造部门的运作状况、内部数据和企业与供应商的交易情况都可以用会计数据处理系统来收集。第二,工业工程子系统主要对来自企业内部环境的特殊数据进行收集,而市场调查子系统则主要收集企业外部环境中的特殊数据。前者有时候也需要收集外部信息,后者也可以收集内部信息,但侧重点不同。第三,制造情报子系统主要从环境中收集信息且该系统需要对企业与工会以及企业与供应商之间的关系进行处理。商品目录表及其对应的价格单反映了供应商对企业生产的作用。

(二)输出子系统

第一,生产子系统可以反映每一个物质形态从原料订购直到产品投放市场的全部转换过程。第二,原材料转化为在制品再成为成品这一过程中的所有物料流动及转变信息都可以记录在库存子系统中。第三,质量子系统要求对供应商提供的原材料质量进行检验从而确保其达到质量标准。物质形态转换过程中每个关键步骤的质量控制水平都会在生产子系统中得到体现。成品的质量控制也是其关注的重点。第四,管理人员可以通过成本子系统了解物质形态转换过程中产生的成本。

第三节 营销信息系统

作为企业管理信息系统的一个重要组成部分,营销信息系统的主要功能就是通过各种方式从企业周围的环境以及企业内部收集市场相关的各个方面的数据,比如产品、价格、人员推销、实体分配等有效信息。管理人员通过这些信息可以对企业的经营活动进行及时调整。

一、营销信息系统的概念

市场营销学专家 Philip Kotler 教授曾经使用"营销神经中心"这一营销学专

业术语来描述一个负责收集以及处理各种信息的职能部门。在他的理论中，营销信息可以分为三类：

（1）内部营销信息——企业内部收集到的有效信息；
（2）营销通信——自企业内部传输到外部环境中的有效信息；
（3）营销报告——从外部环境中流入企业的有效信息。

在 Philip Kotler 的观念中，"营销神经中心"的决策支持的真实意图是：借助对各种有效信息进行分析来进行一系列诸如降价、增加广告投入、修订销售区域等复杂的营销决策。

当前，人们对于营销信息系统的定义是：一种与其他职能信息系统一同提供有效信息，供企业管理者制定营销策略以及销售计划的，以计算机程序为基础的具有高组织性的系统。通过对该定义的分析，可以提炼出两个关键信息点，第一个是所有的职能信息要进行统一，第二个是营销问题的求解不仅限于营销经理。

二、营销信息系统的构成

（一）会计数据处理子系统

该系统的主要作用是利用销售订购信息提升营销工作在企业会计数据系统中的比重。销售代表可以借助笔记本电脑在客户的办公室进行数据输入工作，也可以通过总部销售人员的电话或者邮件获取相关的信息并直接输入企业内部计算机。这些营销数据可以用作特殊报表以及准备定期报表，同时也可以作为企业内部知识库系统以及各种营销模型的数据支撑。

1. 准备制作定期报表的相关数据

对会计数据处理子系统而言，销售分析就是一个提供营销数据的经典例子。相关工作人员可以根据正在销售的商品、客户购买的商品以及销售代表正在推销的商品所产生的数据来分析研究企业的销售行为。

2. 准备制作特殊报表的数据

营销经理在进行数据库查询工作时，查询到的数据可能成为会计数据处理子系统中的那部分数据。

3. 知识库系统以及数学模型中的数据

企业内部的定价模型中，绝大部分输出信息的来源都是会计数据处理子系统所提供的数据。

在实际经营活动中，如果一家企业没有一套成熟且高效的会计数据处理子系统，那么它就无法为营销人员提供有价值的信息。

（二）市场调查子系统

市场调查子系统也是营销信息系统的一个重要组成部分，从结构上来看，它主要分为两个主要板块。

1. 系统功能

市场调查子系统的主要任务是针对用户进行有计划的市场调查。针对市场的调查工作应该是由企业自觉进行的一种有计划地获取市场数据信息的行为。通过详细的市场调查，了解当前用户以及潜在用户群体在某些方面的需求，进而寻找并发现新的营销切入点。总体来说，市场调查数据具有结构性好、针对性强以及集成度高等特点，且方便在计算机上进行处理与储存。

市场调查子系统的功能主要有三个：

（1）以市场管理者的需求为基础，使用各种统计方式完成统计汇总工作；

（2）对各种市场调查数据进行合理的分类、编辑以及整理，并将其转化为统一格式的文件存储在企业内部数据库中；

（3）为市场开发负责人的调查工作提供数据支撑。

由于市场的调研与预制工作存在紧密的联系，因此市场调查子系统下的各种数据文件的主要价值就在于为预测市场发展趋势、确定产品价格以及推销费用等工作提供帮助。各种不同的输出子系统应该搭配相应的预测程序。

2. 市场调研数据文件的建立

市场调研的方式非常多，但无论使用哪种调研方式，调查得到的数据都必须由调查者或者被调查者记录下来，记录的方式可以是人工记录，也可以借助计算机程序进行记录。通常情况下，这些数据信息都是记录在事先设计好的调查表中。调查表的编制应该以调研目标以及计算机处理的实际需求为基础，这对调查数据的可靠性以及实用性都会产生很大的影响，同时，调查表设计得是否合理也关系到计算机分析与储存效率的高低。

市场调查子系统收到各种市场调研数据后，就可以根据经营者的调查需求以及数据处理的特点创建各种数据文件。在实际工作中，市场管理者可以随时使用系统所具有的查询功能，在这些文件中寻找到各种市场调研结果，比如了解某种商品在特定范围内的市场占有率或者客户转化率等。

（三）产品子系统

1. 系统功能

一般情况下，市场组合中最关键的因素是产品。一方面，企业在进行生产的时候习惯根据某一种市场需求来决定生产某种产品，在此基础上再考虑如何定价以及推销等问题。另一方面，在市场竞争越发激烈的今天，广告与价格的竞争力逐渐衰退，用户对广告效应以及价格的依赖逐渐转移到产品质量方面。这种转变要求企业管理者对产品的用途、性能等因素进行深入分析，而产品子系统的功能就是通过产品生命周期模型，为经营者提供三个层面的需求。

（1）在生产产品前，产品子系统能够对各种新产品进行综合评定，通过科学的评估确定每种产品的利润空间以及可能存在的风险，经营者可以从中选择利润高且风险小的新产品。

（2）生产完产品后，产品子系统可以对销售水平以及盈利状况进行实时监控，通过这种方式鉴别产品是否已经进入成熟期。在这段时间内，产品子系统能够以市场调查的结果为基础，为经营者寻找新的潜在客户，同时定制具有新特色的升级产品。

（3）产品子系统如果在监测销售情况的时候发现产品的效益突然下跌，就会自动向经营者发送产品衰退警告，同时，辅助经营者对销售策略进行改进，如减少产量、取消一些销售情况不佳的分销渠道或者是压缩广告费等。

2. 新产品开发评价

产品子系统的另一个主要功能就是在产品生产之前根据产品的研发、获利以及风险等因素，对可能出现的新产品进行评定，并帮助营销人员选择最合理的方案。

在很多不同种类的产品待选的情况下，营销人员为了让企业获得最大的效益，要在众多产品中选择那些比潜在竞争对手更具优势的产品作为优先发展对象。这里需要注意的是，一种具有吸引力的新产品的开发机会不一定会成为企业的机会，其原因在于新产品的开发或许与企业的发展目标冲突，因此，在新产品研发这件事情上，在关注产品潜力的同时，也要注意企业是否具有开发新产品的条件。在新产品营销的过程中，工作人员要寻找那些具有最大优势的产品。简单来说，就是那些拥有最多有利条件的新产品。

需要注意的是，尽管评价因素被细化，计算的结果也更加精确，但是数据的来源就好比人的头脑，这就让数据不可避免地带有一定的主观性，而新产品开发是一种半结构决策。产品子系统只能通过数学模型以及定量分析的方式为营销人员提供决策信息，而不能代替其进行真正的决策。

（四）营销情报子系统

1. 营销情报

在营销情报子系统中，营销情报指企业为争取市场先机而从竞争环境中获得的有关市场竞争的信息数据。营销情报对市场管理人员来说有着非常重要的作用。通过营销情报，市场管理人员可以对市场活动进行预测，同时作出产品决策、促销决策以及价格决策。从微观层面来看，营销情报主要可以分为四种类型。

（1）开发层面情报，主要包括各个销售市场的总体布局、发展趋势以及现有规模等信息。

（2）竞争者情报，主要包括与本企业存在竞争关系的企业以及同类竞争产品信息，在一定范围内竞争企业的数量、分布方式、营销手段等，还包括竞争企业引进和改进生产技术的计划以及竞争产品的价格定位、成本以及利润等。

（3）用户情报，主要包括最终用户使用本产品的条件、目的以及环境，用户对产品的外观、功能、价格以及可靠性等方面的具体需求，用户对于售前服务以及售后服务是否满意等。

（4）新产品开发情报，主要包括本行业中各种科技发展以及科技成果的信息。

2. 情报来源

营销情报子系统的主要功能是从各种不同的情报来源处接收上述四个方面的信息数据，同时，对这些信息数据进行分析和整理。情报来源也可以分为四个方面。

（1）企业内部销售人员以及门市部的工作人员。这类人员在推销产品的过程中能够从中间商以及最终用户处得到各种市场情报。

（2）各服务站点的售后人员。售后人员在进行售后服务的过程中，可以得到大量有关市场方面的咨询信息，这些情报主要集中在用户需求方面，这些售后人员常年处于营销工作一线，其得到的情报具有准确性高、内容详细等优势，对企业有很高的参考价值。

（3）上级部门所下发的各类文件。在实际工作中，上级部门下发的各种文件中的政策会对企业的经营策略的制定产生重大的影响。

（4）宣传工具。企业在进行产品销售的过程中，会使用商业性报纸、杂志或者展销会等方式为新产品进行宣传与造势。通过对这些宣传活动的分析，企业可以了解竞争对手的动向，同时掌握一些新的科学技术情报。

采集完各个方面汇集起来的情报后，要由专业人员对这些情报进行分析与整理，将其存储在企业内部营销信息系统中，作为系统运行的基础数据。而对于收集上来的一些不具备特定规则以及结构的情报可以使用人工记录的方式进行存储。对于一些具有统一格式的情报，则可以通过计算机文件的形式将其存储在大数据库中。

（五）促销子系统

1. 系统功能

对于生产企业而言，其产品的销售数量以及获取利润的多少与该产品的促销方式有着密切的联系。促销方式主要包括推销、广告、展销会、售前/售后服务等，不同的促销方式有一系列不同的决策机制。第一，在广告方面，经营者需要考虑广告的目标人群、广告媒体等因素，并制定广告预算，对广告的效应进行评价。第二，在推销方面，经营者先要确定推销员的具体职责，同时确定推销员的需求量以及推销的类型，在推销的过程中对推销员进行激励与监督。第三，在售前和售后方面，经营者要制定各种服务计划，对服务的项目以及目标进行量定，比如，针对售前服务，要确定售前服务人员是否要负责对各种技术的咨询，同时要确定售后人员是否要负责提供安装、调整以及日程维护检修等工作。

促销子系统的主要功能是为经营者提供上述几方面的有用信息,为营销人员制定促销方案、评价促销效果以及统计销售数据等工作提供数据支撑,进而确保企业各项产品的促销工作可以顺利进行下去,使企业获得良好的声誉以及利润。

2. 辅助广告决策

对于生产类型企业来说,在各种媒体平台上投放广告的根本目的是向各种不同类型的客户群体传递产品信息,通过这种方式让消费者对产品有更为深入的了解,培养更多潜在客户。针对投放广告的工作,经营者先要确定广告的目标,然后根据该目标制定一系列配套的广告决策,比如选择广告平台、制定费用预算等。这些决策的制定都需要得到促销子系统的辅助,其中,市场调查数据是制定广告策略的一个重要参考数据。

如果销售人员想分析当前的销售情况,那么只需要在该系统中输入一些问题就可以得到详细的产品销售分析报告,包括产品销售去向统计、收入组成分析以及本年度销售与上一年销售的对比报告等。利用这些数据报表,营销人员就可以更合理地安排下一步销售计划。

（六）价格子系统

1. 系统功能

作为市场营销组合中的重要组成部分之一,价格决策对产品的销售以及盈利有着很大的帮助,可以从市场经济活动的角度看待价格问题。价格决策是各种产品以及各种交易必要的市场营销因素。能够影响产品价格的因素有很多,因此要借助价格子系统辅助经营者作出正确的价格策略。

2. 价格决策

管理者在确定产品价格的时候,需要考虑内部以及外部的因素,如生产能力、销售费用以及库存等。管理者可以从数据库中获得相关信息,然后将其代入特定的数据模型。营销人员在使用价格子系统的过程中,只需要输入价格数据就可以自动得出其他数据,提高了价格决策的效率。

三、营销信息系统模型

营销信息系统模型由输入子系统与输出子系统两部分组成,二者由一个数据库连接，如图 5-3 所示。

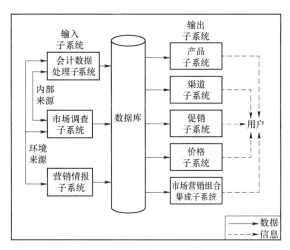

图 5-3 营销信息系统模型

（一）输出子系统

每个输出子系统都能够提供有关营销组合要素的信息。例如，产品子系统可以提供产品信息；渠道子系统可以提供销售渠道信息；促销子系统可以提供广告与推销人员活动信息；价格子系统可以帮助经营者制定产品价格策略；市场营销组合集成子系统的功能是辅助经营者综合各种因素来制定企业发展的总体战略路线，比如，利用该系统所提供的信息完成对销售额的预测。

输出子系统是由软件库中的各种程序所组成的，通过这些程序，经营者可以得到营销活动中的一些关键信息，比如特殊报表以及定期报表、数学仿真结果和知识库系统建议等。

此外，输出子系统还可以使用船舶自动识别系统（Automatic Identification System，AIS）、管理信息系统（Management Information System，MIS）、决策支持系统、知识库系统以及虚拟办公系统。全部职能信息系统中的输出系统都能够涵盖全部计算机化信息系统（Computer-Based Information System，CBIS）程序。

（二）数据库

输出子系统主要从数据库中得到想要的数据，在企业内部的大数据库中，部分信息是独享的，但是绝大部分数据可以与其他职能部门分享与共用。

（三）输入子系统

通过对营销信息系统模型的观察，可以发现输入子系统主要包括三个部分：会计数据处理子系统、市场调查子系统以及营销情报子系统。其中，市场调查子系统的主要功能是收集与企业发展有关的销售活动所产生的各种数据。营销情报子系统主要负责对各种营销活动进行指导，同时，对营销结果进行评估与研究。这种对营销活动了解的主要目的是可以让企业的营销者能够更为深入地了解消费者对产品的具体需求，通过这样的方式来提升营销活动的效率，而会计数据处理子系统的主要工作是对企业营销部门的各种信息进行收集和整理。三个子系统之间存在紧密的联系，会计数据处理子系统与市场调查子系统互为数据内部来源，而市场调查子系统与营销情报子系统互为环境来源，三者之间的协调工作让整个营销信息系统模型变得更具实用性。

第四节 财务信息系统

一、财务信息系统的概念

财务信息系统主要是应用于企业的金融活动中反应并且监督价值信息的一种现代化信息记录系统，因此，对财务信息系统的定义就是能够以信息技术为支持，针对会计信息进行收集、储存以及处理，并且完成一部分会计运算，同时，为企业财政决策提供相应的会计管理、分析等情况的辅助性信息系统。财务信息系统由计算机软件和硬件、存储数据文件、会计工作人员以及会计电算化系统组成，其中最核心的部分是拥有完善的会计系统。

二、财务信息系统的组成

（一）财务情报子系统

1. 系统功能

财务情报子系统主要是针对企业业务中的财务数据进行有效采集，其中主要采集的数据来源于以下两方面：

（1）资金的筹集以及收集过程中的相关数据，也就是资金供应过程中产生的数据；

（2）确保资金能够有效利用以及收集到针对投资的机会数据，即资金的有效投放中产生的数据。

这两种数据来源能够确保企业的金融交易活动中投资和撤资的灵活性和主动性，能够增强资金筹集工作的导向性，为财政决策提供金融数据上的依据和支持。

2. 资金来源数据的搜集

企业的资金来源是非常多元化的，如国家项目补款以及相关补助、银行借贷、企业自发筹集。由于资金来源以及使用范围有所不同，因此不少企业会针对资金来源的渠道、自己的筹集方法对所得资金进行相应的规划计算和投资选择。财务情报子系统最主要的功能就是对资金的来源、信息进行收集及存储。其处理的信息内容一般包括资金来源渠道、资金来源的优势和劣势等。企业掌握了这些资料也就等于掌握了主动权。

3. 投资活动中机会数据的搜集

在企业发展中，有些部门需要一直进行资金支持，比如提升企业生产技术水平或者发展力的部门、能够有效提升经济效益的科研部门等，它们需要企业从内部进行相应的拨款或者贷款进行有效的投资活动，其中也包括设备更新以及产品研发等。由于投资决策的执行与未来资金来源和资金充足程度都有相关性，因此需要参考当前以及未来的利率变化并针对市场价格进行切实调研以便在面对风险时也能保证投资项目具有一定收益。

财务情报子系统的第二种功能是为投资提供相应的数据。运用这些数据，企业就能将投资目标与投资方案、备选方案、投资效果相结合，有助于企业的管理者和决策者高效应用现有资金。

要注意的是，不论是资金来源数据还是投资机会数据，都是由财务情报子系统、生产情报子系统搜集而来的，都是特定环境产生的数据，其有效期、周期性、涵盖内容、数据来源、数据份额都是系统验算无法控制的，必须利用计算机软、硬件进行不断的存储和更新，需要投入大量的设备资源进行信息搜集，因此在编制程序时需要进行数据完善性和规律性的整理,这部分需要由人工完成。

(二) 内部数据系统记录子系统

1. 系统功能

内部数据系统记录子系统是整个企业管理信息系统的基础性子系统。其中包含销售、生产以及财务三方面职能。这些数据一般都是从企业内部收集得来的,一个高效的内部数据系统记录子系统能够便捷地进行信息管理,这主要是由于内部数据系统记录子系统与绝大部分子系统相互联系。

内部数据系统记录子系统在财务信息系统中主要负责搜集企业在经营活动中的会计数据,为各类子系统提供账务记录。其主要处理的数据内容包括以下三个方面:

(1) 账务处理。账务处理包含一般会计活动中的总账以及明细账文件,其中最主要的是接收发生财务行为的各类首付款票据和凭证。

(2) 用户订单处理。用户订单处理主要是进行应收账款等几个明细分类账目的记录。

(3) 物资采购处理。采购相关事务是物资采购处理的主要内容。

2. 财务处理

会计数据记录的是企业每日发生的货币交易活动,每次记录的内容也是货币发生的时间、发生原因、参与者、涉及的金额等,这些会计数据并非凭空出现,而是依据相应的凭证给予记录,因此一般由会计人员进行原始票据的核实,然后进行票据的编制,以收款、付款和转账三种凭证形式录入系统。

在运行会计电算化系统时要注意记账凭证只能对应一个原始凭证,电子凭证上要有记账凭证编号、科目、日期、发生额以及原始凭证的编号。在会计电算化系统使用过程中为了适应手账记录的习惯,在录入记账凭证时,系统显示的格式和纸质记账凭证的格式是基本一致的,会计工作人员能够像记录手账一样进行会计电算化系统记账,降低了数据录入的错误率。

记账凭证录入结束后,内部数据记录的子系统接受所有凭证并按照顺序制成记账凭证文件,再根据相应的记账凭证文件建立明细账文件。明细账文件及总账文件都是从手账处理后承袭过来的,不同企业的明细账条目也有所差别。比如,工业生产企业会专门设立原料明细账文件，而以金融交易为主的企业则会设立应收账款明细账文件，以售卖产品为主的企业则会设立产品明细账文件。

除明细账外，会计电算化系统还会建立一个总账文件，主要用来存储各个子账目并进行数据汇总。一般总账的更新方法很多，主要方式是定期进行更新，以自然月或者会计年为基准，或者在每日更新明细账文件时针对总账文件进行更新。

（三）财务计划子系统

1. 系统功能

财务计划是指在企业以货币形式预计计划期内资金的取得与运用和各项经营收支及财务成果的书面文件。财务计划子系统主要以销售计划和生产计划为基础，这部分数据主要是由销售信息系统和生产信息系统提供的，之后由财务计划子系统针对销售收入、生产成本和其他各方面的收支进行全面预算，以这些数据为基础制定相关的财务计划，包括固定和流动资金计划、成本和利润计划以及财务收支计划等。其中要注意以下几点：

（1）财务计划子系统除要编制整个企业的财务计划外，还要按照部门、厂房分化、车间分化以及相应的月报、季报进行财务计划。

（2）财务计划子系统与生产计划子系统原理相同，由于每日运行量不是很大，而且每月运行的时间也不是太长，处理信息的效率很高，因此一般以批量处理的方式运行。

（3）进行财务预算时，除环境、资金等因素外，还需要将人事变动因素考虑进去，尤其是财务管理方面的工作人员，还有部分执行财务预算的各级执行和管理人员，要避免出现计划实施不到位或者实施过程中给予员工过大压力的情况。

2. 财务计划子系统编制利润计划的过程

在编制财务计划时，由于每个企业的需求有所不同，设置的内容与结构也不尽相同，因此在财务计划编制方法上也存在差异。以下仅介绍财务计划子系统编制利润计划的过程。

财务计划子系统编制利润计划的过程中最重要的是三个模块的编制，即销售预算模块、生产预算模块和利润报表模块。

1）销售预算模块

销售预算模块主要依赖企业制定的销售计划以及系统中的产品销售文件，主要计算在产品销售过程中产生的费用以及预期收入，其中预算包含产品包装、运输以及广告等费用，这几项就是一般所说的销售收入以及费用计划。为了保障销售预算模块合理化设立，就要预先采用会计电算化系统中的量本利分析以及利用回归模型进行销售预算。

2）生产预算模块

生产预算模块的编制较为复杂，依据生产中所需的企业生产效率、职工安排、固定资产相关资料、原材料价格、工资费用、固定资产折旧费用以及各项维持企业运营的管理费用预算，设计出原材料费用计划、工资计划、固定资产折旧计划和管理费用计划，将这些计划融会贯通，制定出生产预算计划，这也是编制利润计划的数据来源，是整个企业运营成本的数据依据。

3）利润报表模块

利润报表模块的监理师在了解销售收入、销售费用以及成本预算后才能计算出利润总额，还要确定是否接受了其他单位或者组织的投资，若接受了投资则要将其中一部分利润返还回去，相关的税费也需要计算，以支撑利润计划表。

财务计划子系统编制利润计划的过程贯穿整个财务活动，主要是将相关的信息反馈给财务管理人员，同时，这些数据也作为企业的内部"宝藏"存储在会计核算子系统和财务控制子系统中。

（四）会计核算子系统

1. 系统功能

能够进行所有的会计活动才是一个健全的财务信息系统的首要标准。财务信息系统除记录各类会计数据之外，还需要定期进行相关固定资产、工资、原材料消耗情况及费用、产品成本以及营业额的核算。这些核算都需要通过会计核算子系统进行。

以上模块需要与各部门联系，以便及时更新资金使用的情况。

会计核算子系统主要需要企业内部的各类明细账文件以及总账文件，并以此建立相关的生产信息管理系统。

在会计核算子系统的计算下，企业能够制定出固定资产折旧核算表、原材料费用核算表、成本计算表、利润计算表、资金平衡表等。

2. 固定资产核算模块

在企业日常生产中，固定资产是企业发展的重心，其数据必须在财务记录中反映出来，在企业发展过程中固定资产的购进、使用、转移、封存、折旧和调拨等信息要及时进行更新，才能使固定资产核算模块及时反映固定资产的现时情况。

在固定资产核算中，最重要的是针对折旧的计算。在现代化的会计电算化系统的帮助下，折旧率已经不需要单独提取进行计算，而是记录在固定资产文件中进行有效减除。要注意的是，固定资产的折旧需要记录在固定资产文件中，包括固定资产的原始价值以及折旧率，根据折旧率可以进行逐年折旧或者逐月折旧。

3. 工资核算模块

由于工资本身具有发放数额巨大、相关人数众多、发放时间常规等特点，因此不少企业最先进行会计电算化的模块就是工资核算模块。工资核算模块主要分为工资主文件子模块、扣款子模块、计算打印子模块三个部分。

4. 原材料费用核算模块

原材料费用核算模块的数据主要来源于原材料的用量、价格、采购费以及库存管理费等。原材料数量可以根据供货商的发票直接进行记账凭证录入并归入明细账文件，原材料采购费主要来源于原材料运输过程中的运杂费和包装费。库存管理费和原材料本身的价值以及当地库存费有关，原材料价值越高，库存管理费也会越高。由于原材料作用于多个车间以及各道生产工序，因此要通过有效划分来进行原材料费用的分部计算。

5. 成本核算模块

成本核算模块是成本管理中的基础项目，财务控制子系统是依赖成本控制措施形成的，成本管理中最关键的环节就是成本核算。一般情况下，企业会按照产品所消耗的各项费用进行汇总，核算出各类产品中单位产品的成本，并且由此计算出整个成本项目的总和。

6. 利润核算模块

利润核算模块的主要功能是计算企业的总利润,在计算时需要使用成本核算模块计算出的成本,将所有收入减去成本的投入形成利润总额。

(五)财务控制子系统

1. 系统功能

在企业中,任何一个部门或者任何一个层级的管理者对自己所管辖的部门或者层级都是有管辖权的,其中包括监督与控制的权限,财务管理部门也位列其中。财务管理部门关心的是企业财务状况的变动,它根据相关的记录进行资金流向的审核,了解各个部门支出的成本是否在预算的规划内。财务控制子系统的功能就是辅助财务管理部门进行预算的控制,并且在企业生产或者办公的过程中进行资金和资源的有效管理。

2. 事前控制

事前控制也称为预防性控制,在企业需要进行较大的开支时必须提前使用科学、合理的方式进行有效的开支预算分析,以免投资发生失误,损失资金与时间。这个步骤需要财务管理人员与计算机系统通力合作,将财务管理人员针对企业收支的多年经验以及计算机系统建立的数据模型结合起来,进行模拟决策,寻找最合理的解决方案,从而制定效益最大化的决策。

3. 计划执行中的控制

财务控制子系统能够根据各部门的情况改变数值指标促进各部门的发展,尤其对流动资金中需要检查的原料、在制品以及成品的库存情况、相关物料的消耗情况、现实生产以及计划要求的差距情况等要及时地了解,以便及时采取措施,有效止损。

4. 事后分析

事后分析主要是指在商业活动进行一个周期之后作出的分析,如对年销售成果的分析、对生产消耗的分析、对精英占用资金以及所得到的效益的分析等,这些都是财务控制子系统在事后分析中需要关注的部分,它能够高效揭露生产中潜在的问题,发现企业间的差距,从而调整企业经济活动的分配状况。

三、财务信息系统模型

财务信息系统为企业内部关心企业财务状况的人定期提供信息,主要包含定期报表、特殊报表、数据仿真结果、电子邮件和专家建议等。

财务信息系统模型如图 5-4 所示。输入子系统包括会计数据处理子系统、内部数据系统记录子系统与财务情报子系统。

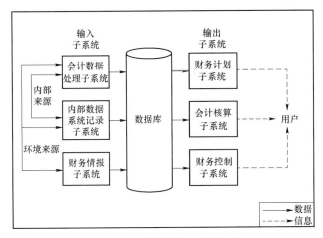

图 5-4 财务信息系统模型

输出子系统也包含三个子系统。其中,财务计划子系统对企业的长期经济活动进行有效规划;会计核算子系统针对资金的流向进行盈余平衡;财务控制子系统能够帮助企业的管理者和执行人员有效利用企业的资源。输出子系统主要是将数据库中存在的内容转化为信息软件可使用的内容。

第六章
企业管理信息系统的运行管理

只有科学的运行管理,才能使企业管理信息系统有效地发挥作用,否则,企业管理信息系统不仅不能有效地发挥作用,还会混乱和崩溃,给企业带来灾难。

第一节 企业管理信息系统的科学管理

对企业管理信息系统的信息资源的管理要与服务对象的需要相适应,确定企业管理信息系统运行管理的任务和目标,可以使企业管理信息系统如预期那样为管理工作提供支持和帮助,使企业管理更加精确和科学。

一、企业管理信息系统运行的特点

企业管理信息系统是一个以人为核心的人−机交互系统,它既具有技术性又具有社会性,它的运行过程是十分复杂的,尤其是大型企业管理信息系统的运行,可能涉及企业的方方面面。企业管理信息系统建成投入运行之后,其运行过程具有以下特点。

(一)企业管理信息系统运行过程中的风险性

企业所有的重要信息资源都存储在计算机系统中,因此计算机系统成了信息和财富集中的所在。企业管理信息系统一旦出现意外或遭到破坏,会给企业造成无法估量的损失,而计算机应用的普及与网络时代的到来,又使企业财富与信息遭受破坏的风险与日俱增。

(二)企业管理信息系统运行过程的不可人为性

企业管理信息系统由人开发出来,由用户决定其目标、功能、信息需求、信息处理和信息输出,但是,一旦系统正常运行,就不能再因个人的喜好、习惯或利益而随意变动。用户必须严格遵循企业管理信息系统的所有运行规程,否则无法保证系统运行的有序性和结果的有效性,因此,企业管理信息系统的运行必须有可靠的组织保障和周密的管理制度,以消除不利于企业管理信息系统正常运行的各方面因素。

(三)企业管理信息系统运行过程的维护性

企业管理信息系统的运行过程就是不断维护的过程。其维护包括两方面内容:一是保证系统正常运行;二是为适应企业内、外部环境变化对系统进行修改。因此,企业管理信息系统建成投入运行之后并不是一劳永逸,而是需要不断发展和更新的。

综上所述,企业管理信息系统的运行是一项高智力、高收益、高风险的复杂系统工程。有的企业领导对系统开发过程予以高度重视,但系统建成投入运行之后就松懈了,甚至认为万事大吉了,这种想法是错误的。实际上,建设是为了运行和使用,否则系统开发得再好,但无法保证正常运行,就会前功尽弃,因此,如何对企业管理信息系统的运行实施行之有效的管理,是提高企业生产力的关键问题。

企业管理信息系统与其他任何系统一样,需要进行科学的组织与管理。若没有科学的管理,则企业管理信息系统不会自动地提供高质量的信息服务,甚至会瓦解。

二、企业管理信息系统运行管理的任务

作为一个复杂的、面向社会的人-机系统,企业管理信息系统的维护和管理具有特别重要的意义。由于软件本身存在可靠性问题,所以,企业管理信息系统在使用中必然要边用边改。软件产品的特点是"样品即产品"。不可能像有些商品那样,事先生产出一个样品,然后成批生产。在运行中发现错误并及时进行修改,成为系统投入运行后的一项经常性的工作。作为人-机系统,由于使用人员

的变更和使用方式的变化,企业管理信息系统的运行状态经常变动,不像某些完全由机械组成的系统那么稳定,需要科学的管理。企业管理信息系统面向复杂多变的社会环境,必然遇到各种各样的意外情况,这些使企业管理信息系统面临繁重的维护任务。

企业管理信息系统的管理工作不能与机器本身的管理工作等同。企业管理信息系统的任务是为管理工作服务,以向一个组织提供必要的信息为目标的,以能够满足管理工作人员的信息需求为标准,而机器本身的维护工作则只是这一工作的一小部分,只是提供了硬件的保证,真正做到向管理人员提供信息还需要做许多软件操作、数据收集、成果提供等工作,因此,企业管理信息系统应该有专人负责管理。这里的"专人",不应该是只管理硬件设备的硬件人员,而应该是了解系统功能及目标、与管理人员直接接触的信息管理人员。

管理工作是系统研制工作的继续,其任务包括以下四个方面:

(1) 对日常运行进行管理;

(2) 对运行情况进行记录;

(3) 对系统进行修改与扩充;

(4) 对运行情况进行检查与评价。

这些工作做好了,企业管理信息系统就能够如预期那样为管理工作提供所需的信息;反之,若这些工作做不好,则企业管理信息系统就不能如预期那样发挥作用,甚至会崩溃而无法使用。

三、企业管理信息系统科学管理的条件

(一) 要有系统研制的完整材料

这些材料应包括系统分析阶段的各种调查研究的记录、逻辑设计的方案、系统规格说明书、系统设计阶段的结构图、各模块的设计说明书、系统实现阶段的各项工作情况的记录、验收报告。研制工作中的各种工作文件,包括可行性报告、系统规格说明书、实施方案都应该完整地保存在档案中。即使系统的管理人员本身就是当初的研制人员,这些材料也必须很好地存档保管起来,以便随时查找。如果系统主管人员不是当初的研制人员,那么其应该花一些时间认真地熟悉这些

材料，以便管理好系统。这些材料是系统管理的重要依据，决不可丢失，最好有专人保管。

（二）系统的工作人员要有严格的分工

这里的"人员"包括以下几类：系统主管人员、操作人员（包括硬件操作人员和软件操作人员）、程序员、录入员及辅助人员。当然，对于较小的应用系统来说，有些人员可以合并。系统主管人员的任务是全面负责系统的安全和正常运行，掌握系统的修改及改进，并负责指挥和调度其他工作人员。系统主管人员应该了解系统的全局，包括设计思想、系统结构、实现方法及目前的状态；还应该和组织或企业的领导保持经常的接触，不断了解领导和管理人员对信息的需求及对系统的评价，并由此考虑系统的改进与扩充。系统主管人员虽然不一定是计算机技术人员，但是必须具有信息处理的知识和经验，对本组织的业务有比较深的了解。操作人员的任务是运行应用系统，完成例行的信息处理任务，如生成报表等。操作人员应该严格地按照规定的操作规程进行操作，并且详细记录运行情况。程序员的任务是根据系统主管人员的安排，对软件进行修改与扩充，同时满足用户的临时要求。录入员的任务是完成例行的数据录入任务。只要企业生产正常进行，总会有一些新的数据需要录入或更新，准确地把这些数据存入计算机，就是录入员的责任。辅助人员在这里主要指的是为了完成信息服务工作而设置的工作人员，如为了把信息及时分到使用者手中而设置的人员。系统越大，涉及的人员越多，分工越细。对这些人员的组织、安排、培训，都应由系统主管人员负责。

（三）每项工作要有严格的规程和工作步骤

信息处理工作是涉及系统全局的重要工作，必须非常严肃认真地进行，每个环节都应该按照系统设计的要求严格执行。

（四）详细地记录系统运行的情况

详细地记录系统运行的情况是以后评价与改进系统的依据。这些情况一般是由操作人员或录入员来记录的，系统主管人员应该对此进行督促，以保证工作能够正常进行。

总之，为了进行科学的管理，保证系统能够正常地运行，产生切实的效益，应在以上四个方面创造条件。企业的领导应该为企业管理信息系统的正常运行创造必要的条件，支持企业管理信息系统的科学管理，为企业管理信息系统的主管人员提供必要的支持（包括授权和制定工作规范）。

第二节　企业管理信息系统及其服务方式

一、企业管理信息系统

（一）企业管理信息系统的地位

在企业组织机构中，企业管理信息系统的地位与该企业中计算机应用的广度和深度有直接关系。企业管理信息系统在企业组织机构中的地位简述如下。

1. 企业管理信息系统由用户所属的业务部门领导

企业管理信息系统多数是实现单项业务处理功能的事务处理系统。财务处理系统由财务处的会计科管理，物资出入库处理系统由物资供应处仓库管理科负责等。

2. 企业管理信息系统由所在的职能部门领导

这种情形发生在企业管理信息系统的应用中，即从单项业务处理功能扩展到某一管理职能部门的管理职能的 MIS 阶段。如财务处理系统由财务处领导、物资管理系统由物资供应处领导等。

3. 企业管理信息系统由副总经理或总工程师领导

在企业管理信息系统所属职能部门成立专门的管理机构，一般称为信息中心、计算中心等，其直接由有关副总经理或总工程师领导，地位与其他职能部门相同。此时企业管理信息系统的应用，已从单项管理职能的 MIS 发展为各职能部门的综合联网 MIS，信息处理跨越部门界限，实现信息与资源的共享。

4. 企业管理信息系统直接由总经理领导

在这种情形下，企业内的多个企业管理信息系统连接为一个有机整体，实现信息集成，形成计算机集成制造系统。这种管理机构在企业组织机构中的地位应该高于其他职能部门。

从目前企业信息化的现状来看，具有第一种或第二种情形的企业为数不少，主要是一些中、小型企业,这些企业的计算机应用水平尚处在初级阶段。但从未来的发展趋势来看,后两种情形才是比较合理的,必须成立专门的管理机构,如信息中心,由企业的高层领导直接领导,特别是生产制造、银行、证券、保险、航空等行业。如今,信息经济已完全依赖信息技术和信息系统,对于企业管理信息系统不仅要有专门的管理机构,还要有总经理或总经理授权的高级信息主管(Chief Information Official,CIO)来主持。CIO应该是企业信息化过程的总设计师,负责企业信息资源的统一管理、开发和共享,对企业管理信息系统运行所涉及的各方面进行规划、协调。CIO及其领导的信息中心肩负着推进企业信息化进程的重任,伴随新信息系统的运行与企业的发展和外部环境的变化,CIO需要不断地迎接新的挑战。

(二)企业管理信息系统的组成

一般来讲,企业可将信息管理的机构称为信息中心,信息中心由CIO领导。企业管理信息系统的建设包括立项、开发、应用和维护等过程,因此,信息中心的组织和人员结构是否合理,直接影响企业管理信息系统建设的速度、质量和使用效果。合理的组织结构一般根据信息化进程的需要,按照工作性质的分类和职能划分为开发部、应用部、维护部和资料部,每个部门都配备特定职责范围和专业素质要求的技术人员。这些技术人员的主要职责和素质要求简述如下。

1. 系统开发管理员的主要职责和素质要求

系统开发管理员是整个开发工作的领导者和组织者,开发中的管理决策、组织实施、协调平衡、审核把关等重要工作都由系统开发管理员负责。系统开发管理员在系统开发中最主要的职责是主持制定开发规划,审批、监控、验收各阶段的工作成果及报告,协调筹集各种资源和经费,组织技术人员的培训工作,一般可由CIO兼任。

2. 系统分析员的主要职责和素质要求

系统分析员的主要任务是通过对现行系统的运行环境、作业流程、用户需求情况进行详细调查分析,确定目标系统的功能结构、性能指标、资源配置和编码体系、逻辑模型,以便为系统设计提供科学依据。系统分析员应既懂管理、经济理论并有丰富的管理经验,又懂计算机、通信技术并掌握应用操作技能,因此,系统分析员应是知识面宽广、想象力丰富、具有创新意识和判断能力、组织能力和逻辑思维能力的高级专业人才。

3. 系统设计员的主要职责和素质要求

系统设计员的主要任务是根据系统分析阶段所提供的目标系统的逻辑模型和功能要求，在用户提供的环境条件下，采用恰当的设计方法进行目标系统的物理模型设计，确定作为系统实施蓝图的目标系统的实施方案。系统设计员应是既懂管理业务又精通计算机软件技术，并掌握各种软件设计方法以及具备丰富的设计经验的高级专门人才。系统设计员可由系统分析员兼任。

4. 程序员的主要职责和素质要求

程序员是根据系统设计员编写的程序设计说明书和系统测试说明书，专门负责编写程序和调试程序的人员。程序员必须懂得程序设计的各种高级语言，熟练掌握编程技巧、测试技巧，应具有程序设计以及迅速查找程序中的错误并及时作出修改的能力。好的程序设计员追求的不仅是程序的功能和编程效率，更重要的是优化的程序设计。

5. 运行操作员的主要职责和素质要求

运行操作员负责系统软件、应用软件等的进入、运行、退出和监护工作，以保证系统的正常安全使用，同时，还应承担系统运行的培训任务，主要负责对数据录入员和应用管理员的培训。运行操作员必须熟悉机器的性能，尤其要熟练地掌握软件的操作使用性能，懂得软件操作规程，具有及时判断误操作或运行异常的能力。

6. 数据录入员的主要职责和素质要求

数据录入员的职责是输入系统所需要的原始数据。他们可以是初级计算机专业人员，也可以是从事管理的职能人员，如会计、出纳员、统计员和质检员等。他们必须熟悉机器的性能，能快速、准确地录入信息，并将信息转储在指定的存储介质上。

7. 应用管理员的主要职责和素质要求

应用管理员是从事管理事务的职能人员，他们的主要职责是把自己所负责的业务通过终端用企业管理信息系统管理起来。他们在精通业务处理的前提下会操作使用计算机即可。

8. 系统硬件、软件维护员的主要职责和素质要求

系统硬件、软件维护员分别负责对系统硬件或软件进行维护、保养，修理硬件和恢复、更新、备份软件。他们是系统正常安全运行的可靠"保护神"，因此必须掌握全面的计算机软、硬件知识。

9. 数据库管理员的主要职责和素质要求

数据库管理员专门负责整个数据库系统的建立、维护和协调工作，对数据库进行全面的管理。他们必须熟悉本职管理业务以及程序语言、系统软件和数据库系统的应用。

10. 信息员的主要职责和素质要求

信息员是信息的收集、整理和发送者，专门负责收集来自企业内、外部的与经营、生产有关的信息，并对信息进行分类、筛选，把有用的信息提供给领导或企业管理信息系统进行多次处理以辅助决策。他们应具有敏锐的观察力、正确的思维能力和一定的公关能力及文学修养。

11. 文档资料员的主要职责和素质要求

文档资料员是系统开发过程中的资料保管员，其主要职责是进行信息收发保管（纸页、磁盘等各种存储介质）。他们应具有组织、整理及文件资料归档的能力。

当然，并不是任何规模的企业都要配备如此严格的人员结构，即使大企业，在建设不同类型的企业管理信息系统或在信息化进程的不同阶段，人员也是可以适当增减、灵活机动的，不仅不同层次的人员可以相互调用，人员结构还可以是一种松散关系，甚至可根据需要临时召集人员。如数据录入员、应用管理员和信息员，可以是企业管理信息系统所涉及相关部门的职能人员，他们的行政关系应隶属于原来所在的职能部门，可以不必专职，而开发部中除了系统开发管理员由 CIO 兼任外，其余人员既可来自企业内部，也可来自企业外部。

（三）人员的管理及培训

企业管理信息系统在工作中必然涉及多方面的、具有不同知识水平及技术背景的人员。这些人员在系统中各起一定的作用，他们互相配合，共同实现系统的

功能。这些人员能否发挥各自的作用，他们能否互相配合、协调一致，是系统成败的关键。系统主管人员的责任在于对他们进行科学的组织与管理。如果系统主管人员不善于进行组织和管理工作，所有的事情都必须自己动手去干，那么系统就与个人的工作方式、工作习惯联系在一起，就谈不上实现信息管理的现代化和科学化，就还是停留在小生产的手工业方式阶段，在这种工作方式下，现代化的大规模的信息系统是不可想象的。许多专家指出，在企业管理信息系统的运行工作中，首先是人的管理，其次才是设备、软件、数据的管理。

由于企业管理信息系统属于新生事物，所有的人员都只有边干边学才能做好工作，因此，在系统管理中对人员进行培训是不可缺少的。从长远来看，这种工作将使系统具有不断发展、不断完善的巨大潜力。无论对管理人员还是对计算机技术人员来说，他们都必须把学习新技术作为工作中不可缺少的部分。

企业管理信息系统的主管人员应该鼓励并组织各类人员进行知识更新和技术学习，给予时间、创造条件，使他们能够在完成日常工作的同时，在业务知识和工作能力上也有所进步。

各类人员的知识更新或业务学习，无疑应该围绕工作的需要来进行。例如，了解所在系统的总目标、特点、业务处理方式、业务处理需要等情况，这对计算机技术人员来说尤为重要。

总之，在企业管理信息系统中，对各类人员的管理及培养，是一个不可忽视的重要问题。

二、企业管理信息系统的服务方式

人们在使用企业管理信息系统时，主要考虑的是企业管理信息系统提高管理工作的效率和效益的程度如何，注重的是企业管理信息系统产生的社会效益和经济效益，而很少考虑信息提供的成本与它具有的实际价值间的关系。既然企业管理信息系统是一种资源，像土地、劳动力、资本一样能提供回报，那么它也应该像这些有形资源一样具有使用成本。发达国家推广使用企业管理信息系统的经验表明，必须运用经济机制对企业管理信息系统提供的信息服务进行管理，让用户的直接管理部门意识到信息资源的成本，否则很容易导致用户对企业管理信息系统提出超过其应用能力的需求,造成信息资源利用不合理,反而带来巨大的浪费。

企业管理信息系统的服务方式有两种:无偿服务和有偿服务。企业管理信息系统的服务方式必须由专门管理机构(如信息中心)进行统一管理。

(一)无偿服务方式

无偿服务方式是组织中所有部门和全体工作人员都可以无偿使用信息资源,但要采用一定行政管理方法进行控制。这种方法简单,且不会因对信息资源使用情况执行记账任务而产生额外费用。常用的行政管理方法有明确控制和模糊控制两种。

明确控制方法是由信息中心主任或信息资源管理员根据用户提出的信息资源申请,决定各用户对信息资源的使用情况;模糊控制方法是按用户对信息资源使用的申请时间,排队使用,管理者不对用户提出信息资源要求的合理性和重要性进行任何审查和分类,只依照排队顺序逐个满足用户的要求,以信息中心提供信息资源的成本作为整个组织的固定预算,并以此决定信息中心提供信息资源的能力。

信息中心可定期向用户和用户管理部门报告用户使用各类信息资源的费用情况,这样可以使用户管理部门之间和用户之间形成比较,假如类似的两种工作,两个用户所需信息资源的费用相差较多,利用较少资源又能完成任务的用户就应受到鼓励;反之,所需信息资源费用过多的部门或用户,则应受到批评。

但是,随着应用项目和用户人数的增多,无论是明确控制方法,还是模糊控制方法都难以控制用户对信息资源的不合理要求,因为即使采用明确控制方法,管理者也很难准确判断各部门的不同应用项目所需要信息资源的数量,而且,因为没有使用明确的记账方法,信息资源的成本来源主要还是整个组织的固定预算,因此,为了让用户更合理地利用信息资源,准确结算成本就要使用有偿服务方式。

(二)有偿服务方式

有偿服务方式是指组织中其他部门和工作人员使用信息资源时要向信息中心付费,作为信息服务中的设备使用费和管理、劳务报酬。收费标准事先向用户公布,用户按月或季或年向信息中心付费。有偿服务方式的优点是只有当用户认为使用信息资源所带来的效益大于成本时,才会对信息资源提出要求。同时,有偿服务方式促使信息中心为降低信息服务成本,而更合理地配置信息资源,减少多余的工作人员,提高信息中心的工作效率。

有偿服务方式的核心问题是如何确定各种信息服务的收费标准,常用的收费计算方法有以下三种。

1. 完全成本核算方法

使用完全成本核算方法要精确计算每项信息资源在一段时间内的单位使用价格。价格随市场的变化及本组织内使用频繁程度而浮动。对一项资源在一段时间内的过多或过少使用都会使其价格上涨或下降,因此需控制对该项资源的使用。

2. 标准成本核算方法

标准成本核算方法按使用设备的折旧费、辅助费、人员费用计算出每种信息资源的使用价格,该价格在相当长一段时间内不变。标准价格由信息中心提出,并由上级主管部门批准。实行标准价格易行且有效,是目前多数组织采用的方法。此外,实行标准价格有利于提高信息中心的管理和服务水平,用户可以比较不同信息中心的价格及服务标准,以监督和促进信息中心的工作。

3. 标准成本加利润核算方法

标准成本加利润核算方法是在标准成本的基础上加上利润部分。使用这种方法,信息中心对组织可实行承包经营,也可完全独立经营。用户可以因某个组织的信息中心价格定得不合理或服务不好而不使用这个信息中心的资源,这样有可能出现某个组织的信息中心由于管理和经营不善而倒闭的现象,因此,使用标准成本加利润核算方法时,要考虑与信息服务的社会化进程配套,因为可能很多组织没有或不需要自己单独的信息。

这种方法最大的优点是使组织内的信息中心与社会上的信息服务进行公开、平等的竞争,依靠优胜劣汰法则推动社会信息化进程。这种方法的缺点是在确定价格时会碰到困难。另外,在信息服务的社会化程度不高的情况下,不少组织还是希望拥有一个独立的信息中心,否则会影响这些组织实现信息化的进程。

第三节 日常运行管理工作

企业管理信息系统投入使用后，日常运行管理工作是相当繁重的。以下是企业管理信息系统日常运行管理的主要工作。

一、新数据的录入或存储数据的更新

例如，在库存管理工作中，每天进货、出货的业务处理都应该及时、准确地收集起来并录入计算机中。这里的工作包括收集、校验及录入三项内容。

（一）收集

收集工作常常是由分散的各业务部门的兼职人员进行的，因此其组织工作往往是比较难以进行的，然而，如果这一工作不做好，那么整个系统的工作就会成为一盘散沙。

（二）校验

校验的工作，在较小的系统中，往往是由系统主管人员自己完成的，在较大的系统中，一般需要设立专职人员完成这一工作，国外称之为数据控制人员。需要指出的是，对担负数据校验工作的人员的业务要求是比较高的。因为，对企业管理信息系统来说，最重要的资源是数据，一切硬件、软件及其他资源都是为了保证数据的及时、完整及准确而存在的，整个系统的效率依赖于其所保存的数据。无论多么先进的硬件设备、多么完善的加工功能，如果没有及时的、完整的、准确的数据，都不能产生实际的效益。在数据由手工处理方式转变到计算机处理的过程中，要把好关是不容易的。一方面，校验者必须对系统所处理的业务有足够的了解。许多数据的正确或错误是不能只从表面判断，还需要理解数据本身的逻辑含义，甚至需要相当的实际经验。对系统所处理的业务一无所知是不可能做好校验工作的。另一方面，从事校验工作的人员，必须对企业管理信息系统数据的要求（包括格式、范围、平衡关系等）有确切的了解。

（三）录入

录入工作是比较简单的，其要求是迅速与准确。录入人员的责任在于把经过

校验的数据录入计算机,他们应严格地把收到的数据及时准确地录入计算机系统。他们并不需要对数据在逻辑上、具体业务中的含义进行考虑与承担责任,这一责任是由校验人员承担的,录入人员只需要保证录入计算机的数据与纸面上的数据严格一致,因此,不能由录入人员代替校验人员,这是由录入人员和校验人员的职责决定的。当然,这两项工作也不是一定要分开的,某些校验工作是在录入之前完成的。另外,还需要用事先准备好的程序检验录入工作的质量。在许多系统中,为了保证重要数据的安全,常常在录入或更新数据时,先把新录入的数据存放在临时的工作文件中,而不让录入人员直接接触重要数据文件本身。待经过检验确实无误之后,再由系统管理人员或负责数据检验的人员运行专门的程序,存入数据或进行更新。总之,必须由系统管理人员或比较熟悉系统的专职人员把关,以确保数据的安全。这方面的工作,局外人并不了解,然而却是整个系统有效工作的基础。

二、信息处理和信息服务

在保证基本数据完整、及时和准确的前提下,系统应完成例行的信息处理及信息服务工作。常见的工作包括例行的数据更新、统计分析、报表生成、数据的复制及保存、与外界的定期数据交流,等等。这些工作由软件操作人员完成,一般来说都是按照一定的规程,定期或不定期地运行某些事先编制好的程序。这些工作的规程,应该是在系统研制中已经详细规定好的,软件操作人员也应经过严格的培训,清楚地了解各项操作规则,了解各种情况的处理办法。这些工作是在系统已有的各种资源的基础上,直接向领导、管理人员及其他使用者提供信息服务,当然,这里只包括例行的服务。组织软件操作人员完成这些例行的信息处理及信息服务工作,是系统管理人员又一项经常性的任务。

三、日常运行情况的记录

企业管理信息系统的运行情况是十分重要和宝贵的资料。人们对企业管理信息系统的专门研究才刚刚开始,许多问题都处于探讨之中。即使对某单位某一部门来说,也需要从实践中摸索和总结经验,进一步提高信息处理工作的水平,而不少单位却缺乏系统运行情况的基本数据，只停留在一般的印象上，无法进一步提高企业管理信息系统的工作水平，这是十分可惜的。企业管理信息系统的主管人员应该从系统运行一开始就注意积累系统运行情况的详细材料。

在企业管理信息系统的运行过程中，需要收集和积累的资料包括以下几个方面。

（一）工作的数量

例如，开机的时间，每天、每周、每月提供的报表的数量，每天、每周、每月录入数据的数量，系统中积累的数据量，修改程序的数量，数据使用的频率，满足用户临时要求的数量，等等。这些数量反映了系统的工作负担及所提供的信息服务的规模，这是反映企业管理信息系统功能的最基本的数据。

（二）工作的效率

工作效率即系统为了完成规定的工作占用了多少人力、物力和时间。例如，完成一次年度报表的编制用了多长时间、用了多少人力；使用者提出一个临时的查询要求，系统用了多长时间给出所需的数据；系统在日常运行中，例行的操作所花费的人力是多少，消耗性材料的使用情况如何等。随着经济体制的改革，各级领导越来越关注经营管理。任何新技术的采用，如果不注意经济效益，是不可能得到广泛应用的。

（三）系统所提供的信息服务的质量

信息服务和其他服务不能只看数量，不看质量。如果一个企业管理信息系统生成的报表并不是管理工作所需要的，管理人员使用起来并不方便，那么这样的报表生成再多、再快也是没有意义的。同样，使用者对于提供的方式是否满意、提供信息的精确程度是否符合要求、信息提供是否及时、临时提供的信息需求能否得到满足等，也都属于信息服务的质量范围。

（四）系统的维护修改情况

系统中的数据、软件和硬件都有一定的更新、维护和检修的工作规程。这些工作都要有详细的、及时的记载，包括维护工作的内容、情况、时间、执行人员等。这不仅能保证系统的安全和正常运行，而且有利于系统的评价和进一步扩充。

（五）系统的故障情况

无论大小故障，都应该及时记录以下情况：故障的发生时间、故障的现象、故障发生时的工作环境、处理的方法、处理的结果、处理人员、善后措施、原因分析。这里要注意的是，这里所说的故障不只是指计算机本身的故障，而是对整个企业管理信息系统来说的。例如，由于数据收集不及时，年度报表的生成未能按期完成，这是整个企业管理信息系统的故障，但并非计算机的故障。同样，收集来的原始数据有错，这也不是计算机的故障，但是，这些错误的类型、数量等统计数据也是非常有用的资料，其中包含许多有益的信息，对于整个系统的扩充与发展具有重要意义。

在以上所提到的五个方面中，前面所列举的那些在正常情况下的运行数据是比较容易被忽视的。因为发生故障时，人们往往比较重视对有关情况进行及时的记载，而在系统正常运行时，则不会那么注意。事实上，要全面地掌握系统的情况，必须十分重视正常运行时的情况记录。例如，打印机发生了故障，需要考察它是在累计工作了多长时间之后发生故障。如果这时没有平时的工作记录，就无法了解这一情况。在可靠性方面，人们常常需要平均无故障时间这一重要指标，如果没有日常的工作记录，这一指标也就无法计算。

对于企业管理信息系统来说，信息主要靠手工方式记录。大型计算机一般都有自动记载自身运行情况的功能。不过，即使是大型计算机，也需要有手工记录作为补充手段，因为某些情况下是无法只用计算机记录的。例如，使用者的满意程度、所生成的报表的使用频率都只能用手工方式收集和记录，而且，当计算机本身发生故障时，也无法详细记录自身的故障情况，因此，不论在哪种企业管理信息系统中，都必须有严格的记录制度，而且要求有关人员严格遵守并认真执行。

为了信息记载完整准确，一方面，要强调在事情发生的当时、当地，由当事人记录，绝不能代填或误填；另一方面，尽量采用固定的表格或登记簿进行登记，不要使用自然语言含糊地表达。这些表格或登记簿的编制应该使填写者容易填写，节省时间。与此同时，需要填写的内容应该含义明确，用词确切，并且尽量给予定量的描述。对于不易定量的内容，可以采取分类、分级的办法，让填写者选择。总之，要努力通过各种手段，详尽、准确地记录系统运行的情况。

对于企业管理信息系统来说，各种工作人员都应该担负起记载运行信息的责任。硬件操作人员应该记录硬件的运行及维护情况；软件操作人员应该记录各种程序的运行及维护情况；负责数据校验的人员应该记录数据收集的情况，包括各类错误的数量及分类；录入人员应该记录录入的速度、数量、出错率等；系统管理人员不仅需要记录整个系统的情况，还要通过严格的制度和经常的教育，使所有工作人员都把记录运行情况作为自己的重要任务。

有些内容不是在本系统运行中记录下来的，例如生成表格的使用率、使用者对例行报表的意见等。对于这些信息，应该通过访问或发调查表等方式向使用者征集，这是由企业管理信息系统的服务性质所决定的。这种工作可以定期进行。例如，可以结合季度、半年或一年的工作总结进行，也可以根据系统运行的情况，不定期地进行。不论采取哪种方式，企业管理信息系统的主管人员都必须亲自动手，因为这是对系统目标是否已达到的检验，是对整个系统工作最根本的检验。企业或组织的领导人也应以此作为对计算机应用系统工作情况进行评价的标准。

四、日常运行的维护和安全问题

（一）日常运行的维护

为了完成前面所列的数据录入及例行服务工作，要求各种设备始终处于正常运行的状态下，为此，需要一定的硬件工作人员负责计算机本身的运行与维护。对于大型计算机，这一工作需要较多专职人员来完成，对于微型计算机，则不要求那么多人员及专门设备，然而，这并不是说微型计算机没有硬件运行及维护工作要做；相反，如果没有人对硬件设备的运行维护负责，设备就很容易损坏，从而使整个系统的正常运行失去物质基础，这种情况已经在许多企业多次发生。这里所说的运行和维护工作包括设备的使用管理、定期检修、备品配件的准备及使用、各种消耗性材料（如软盘、打印纸等）的使用及管理、电源及工作环境的管理等。对于微型计算机来说，虽然不一定需要许多专职人员完成这些工作，但至少要指定能够切实负责的人员管理这些工作。

（二）安全问题

对于企业管理信息系统来说，安全问题包括以下三个方面。

1. 数据或信息的安全与保密

数据或信息的安全与保密是指系统所保存的数据不能丢失，不能被破坏、被篡改或被盗用。系统中的数据必须有可靠的备份，当系统出现故障（如停电、硬件故障、数据失真、软件故障等）时，有恢复补救的手段，以免造成工作的混乱与损失。另外，对于系统中的数据都应规定各种人员的使用权限，哪些人员可以查阅哪些数据，哪些人员可以修改哪些数据，都应有严格的规定，并且有切实的措施来保证执行。这些措施包括物理的手段（如软盘、磁带的存档管理）和逻辑的手段（如保密字的设置）。

2. 软件（包括程序及资料）的安全

必须把重要程序的原版保存起来，日常使用复制的程序，以免由于一时的疏忽或误操作造成不可弥补的损失，包括购进的各种程序和自己编制的程序。资料的保管也是十分重要的。从研制人员手中接收的研制过程中的各种材料，是企业管理信息系统科学管理的基础，决不能丢失，同时，还应记载与保存系统日常运行的情况。各种程序的说明及使用方法一定要妥善保存。对这些工作都应该给予足够的重视。

3. 硬件设备的安全

硬件设备的安全对微型计算机和大型计算机都是十分重要的。如果没有一定的责任和严格的制度，那么会出现不应有的故障，造成工作的损失。

新数据的录入或存储数据的更新、信息处理和信息服务及运行维护和安全问题是企业管理信息系统日常运行中必须认真组织、切实完成的工作。作为企业管理信息系统的管理人员，必须全面考虑这些问题，组织有关人员按规定的程序实施，并执行严格的要求和进行严格管理，否则，企业管理信息系统很难发挥其应有的作用。

除了这些例行的管理工作外，人们还常常向企业管理信息系统提出一些临时的信息服务要求，例如临时查询某些数据、生成某些一次性的报表、进行某些统计分析、进行某种预测或方案测算。这些信息服务不在企业管理信息系统的日常工作范围之内，然而其作用往往比例行的信息服务大得多。随着管理水平的提高和各级领导信息意识的增强，这种要求会越来越多。领导和管理人员往往更多地通过这些要求的满足程度来评价和看待企业管理信息系统,因此,努力满足这些要求,应该成为计算机系统管理人员特别注意的问题之一。满足这些要求的工作,其复杂程度不同。一般来说,基于系统已有的数据比较容易满足,增添新的数据则比较难满足;查询系统中现成的数据比较容易满足,加工综合的数据则比较难满足;加工方法已有,只是次序或参数变化的比较容易满足,需要新方法的比较难满足,因此,系统管理人员必须对自己手中所掌握的数据及加工方法有确切的了解,才能准确地判断哪些能满足,哪些比较难满足,哪些暂时还不能满足,并估计出满足这些要求所需要的工作量(包括程序编写、数据录入、程序运行等)。从长远来说,系统管理人员还应该积累这些临时要求的情况,找出规律,对一些普遍性要求加以提炼,形成一般的要求,对系统进行扩充,从而转化为例行服务。这是企业管理信息系统改善的一个重要方面。当然,这方面的工作不可能由系统管理人员自己全部承担,因此,企业管理信息系统往往需要一些程序员。这些程序员的任务包括两方面,首先,对系统运行中发现的错误进行修改,根据情况的变化或用户需要的变化对系统进行修改和扩充;其次,满足使用者提出的各种临时要求。系统管理人员的责任在于全面地考察系统的运行情况,确定修改或扩充的目的、方向和要求,组织程序员对某一模块进行必要的修改或增添某一模块。系统管理人员负责保证全系统的结构完整,程序员负责正确地修改或扩充某一个模块。

企业管理信息系统的日常管理工作是十分繁重的,不能掉以轻心。特别需要注意的是,认为系统投入使用后只需有人管机器的想法是不对的,企业管理信息系统的管理绝不只是对机器的管理,对机器的管理只是整个管理工作的一部分,更重要的是对数据及软件的管理。在一些较小的企业管理信息系统中,尽管可以减少工作人员,但上述各项工作却不能减少,都必须完成,任何一方面的疏忽都会影响企业管理信息系统的功能及实际效益。

五、企业管理信息系统的修改工作

企业管理信息系统的各项工作都应该有严密的工作规程和工作步骤,下面以系统的修改为例,进行比较详细的讨论。

由于软件可靠性问题、社会环境的不断变化以及用户需求的不断扩充，系统的修改是不可避免的，但是，对于这种修改，决不能听任自流；否则，系统不但不会扩展功能，日趋完善，而且会越改越乱，以至于瓦解、瘫痪。

例如，操作人员或者使用者发现系统中有一处提示符是两个大于符号（≫），他们感到使用不太方便，建议改为一个大于符号（＞）。他们找到某一程序员，询问能否进行这样的改动。从程序员的角度来看，这件事情很简单，只要找出相应的程序块，找到相应的语句，修改一两个字符就行了，然而，当初设计者为什么采用两个大于符号，这一点无论是操作人员和使用者，还是程序员都是不清楚的。很可能一个大于符号在系统中还有别的用处，还可能在内部数据的传递和处理中，要用两个大于符号和一个大于符号进行某种区分，因此，这样的修改从局部来看，可能带来某些方便，但是从全局来看，却可能造成无法预料的后果。如果这样改下去，那么系统研制时所精心设计的结构就会被破坏，系统研制所留下的资料与系统的实际情况就会不符合，很快就会导致系统混乱，因此，这种修正方式是不被允许的。

不论是操作人员还是使用者，对系统有任何修改要求时，都必须填写正式的申请修改表格，向系统管理人员提出正式的申请。在申请修改表格中，要明确指出修改的理由、修改的内容与要求，并且明确提出时间与申请人。系统管理人员接到这样的申请后，应该根据他对系统全局的了解，判断这一修改要求是否可行。有的修改要求从局部看是可行的，从全局看则是不可行的。在这种情况下，系统管理人员就应该驳回申请修改的要求，并向申请人说明为什么不能进行该项修改。如果所提的修改要求是可行的，那么需要进一步考虑目前是否迫切需要修改。一般来说，如果为了改错和适应环境变化，那么应该尽快修改；如果为了扩充功能，那么需要考虑其紧迫性，作出合理的安排。与此同时，还要估计修改所需要的工作量和现有的人力。根据这些情况，对所要进行的修改作出安排，确定修改的步骤和时间。

在确定要进行某项修改之后，系统管理人员应该向程序员正式下达任务。下达任务时，应该把系统中有关模块的全部资料（包括模块设计任务书、源程序、变量说明、调试报告、输出或显示样件）交给程序员，使程序员确切地掌握原模块的设计思想、实现方法及其他有关情况，同时把修改要求交给程序员，限定一定的工作期限，正式把修改任务下达给程序员。这里有两点要注意：第一，分工必须明确，系统管理人员负责保证系统结构不被破坏，程序员保证本模块的正确修改；第二，在修改期间，原系统仍在运行，因此，往往把所要修改的模块复制出来，交给程序员去修改。

程序员完成所要求的修改之后，系统管理人员就可以验收这个新的模块了。除了如同系统研制时验收模块那样，详细考察模块的功能之外，还应要求程序员把所作的修改写成文字材料，说明修改了哪些地方、功能有什么变化、使用方式有什么变化。把这些材料和原模块的资料一起收回，妥善保存起来。这样，系统的档案资料就能和系统的实际情况始终保持一致。验收之后，系统管理人员就可以选择适当的时机，从系统中移出原模块，把新模块换进去。为了安全起见，不应删除原模块，而是用改名的办法把它保存起来，以防万一。如果新模块出现了意想不到的情况，那么仍可以取出旧模块继续使用。这样的修改对给系统功能和使用方法带来一些变化，因此，系统管理人员需要向操作人员及所有使用者发出通报，明确指出从何时起系统换了新版本，新版本在功能和使用方法上与原先的系统有什么区别。为了便于区分，常常采取对版本进行编号的办法。为了使版本的更换不过于频繁，常常把若干项修改为一批，同时进行更换与通报。

这样的工作步骤看起来十分烦琐，然而，这对维持系统的正常工作并不断改善都是非常必要的。这里的关键在于，系统管理人员要负责维护系统的完整性，需掌握系统全局，对系统的修改及发展方向心中有数。

第四节 企业管理信息系统的综合评价

企业管理信息系统的评价一般是在系统不断地运行和维护的过程中进行的，是对已实施的企业管理信息系统的工作情况、技术性能、经济效益等进行分析和评估的。

企业管理信息系统的评价包括系统目标的完成情况评价、系统运行的性能和实用性评价、系统的直接经济效益评价和间接经济效益评价等。

一、企业管理信息系统目标的完成情况评价

针对企业管理信息系统所设定的目标,检查系统在运行中的实际完成情况。例如,系统的硬件和软件环境是否能够满足系统功能上和性能上的要求;系统是否实现了系统设计提出的所有功能;系统内部各种资源的实际应用情况如何;为了达到系统目标,支出的经费、配备的人员是否超出了计划安排等。

实际上,随着系统开发的不断进行,一些具体目标会因为具体的时间和环境而发生变化,因此,在对系统目标的完成情况进行评价时,也要对其设定目标的合理性进行评价,以便为系统的修改与完善提供依据。

二、企业管理信息系统运行的性能和实用性评价

企业管理信息系统是面向应用的系统,系统运行的性能和实用性评价是企业管理信息系统评价非常重要的一方面。系统运行的性能和实用性评价的内容包括:系统的应用是否使采购、销售、生产、管理等的工作效率有所提高;系统的使用人员对系统的满意程度如何;系统的运行是否稳定;系统的使用是否安全保密;系统的运行速度快慢;系统的操作是否灵活、用户界面是否友好;系统对错误操作的检测和屏蔽能力强弱,等等。

三、企业管理信息系统的直接经济效益评价

企业管理信息系统的经济效益包括直接经济效益和间接经济效益。直接经济效益是应用企业管理信息系统直接产生的成本的降低和收入的提高。企业管理信息系统的直接经济效益体现在:由于信息的准确性和及时性,销售收入增加;合理地利用现有的生产能力和原材料,提高了产品的产量;更有效地进行调度,组织生产,减少了停工产生的损失,提高了生产的效率,改善了企业的供应链,减少了物资储备,缩短了生产周期;掌握客户信息,及时收回应收账款,降低费用支出,等等。对于直接经济效益,可以采用一般的经济效益评价方法进行评价。

四、企业管理信息系统的间接经济效益评价

间接经济效益是指应用企业管理信息系统带来了企业管理的一系列变革，促进了企业管理决策水平的提高，从而为企业带来的经济效益。企业管理信息系统的直接经济效益一般比间接经济效益小。企业管理信息系统的经济效益主要体现在其运行过程中所产生的间接经济效益。对企业管理信息系统间接经济效益的评价虽然也有一些估算模型，但是应用企业管理信息系统所带来的企业管理水平的提高以及综合性的经济效益是很难准确计算的。这种综合性的经济效益往往要经过一段时间之后才会体现出来，而且会随着应用向高级阶段的发展而越来越显著。企业管理信息系统的间接经济效益主要表现在以下几个方面：

（1）企业管理信息系统的应用对企业基础数据管理的科学化和规范化起到推动作用，信息的数量和质量得到提高。

（2）企业管理信息系统的应用往往意味着先进管理思想和管理方法的规范化，这为企业的发展带来了一系列变革，为企业带来不可预计的经济效益。

（3）企业管理信息系统的应用使工作人员从繁重的重复性工作中解脱出来，投身到更有意义的工作中，这不仅提高了工作效率，还更改变了工作性质。

（4）企业管理信息系统的应用会提高企业对供应、生产、销售、经营和管理数据的分析能力，并结合市场分析、竞争对手分析、行业分析等为企业制定经营战略、进行经营决策提供更强有力的支持。

总之，企业管理信息系统的应用、数据质量的提高、数据库系统的完善、工作效率的提高和经营战略的正确制定等为企业所带来的经济效益都是不易计算的，因此，这种潜在的经济效益更体现了企业管理信息系统应用的重要意义。

结束语

　　计算机应用已经渗入企业工作的诸多方面，无论就计算机自身，或者就其所发挥的作用来说，这都体现着一种高科技、高效率和高水平。在现代化企业中，信息管理工作在企业中发挥着越来越重要的作用。许多企业正准备或已经投入巨额资金，建立大规模的企业管理信息系统，然而，企业管理信息系统建设常常很难起到预期的效果，比如有的企业管理信息系统开发规模较大，实际应用的范围却较小；有的企业管理信息系统用或不用似乎没有什么明显的差别；还有的企业管理信息系统维护工作量很大，为扩充功能甚至需要推翻现有的企业管理信息系统，重新开发等。企业管理信息系统是一个覆盖企业或企业主要业务部门的辅助管理的人-机系统，它和企业的管理密切相关，与企业的管理模式、经营意识有关，为企业的最终目标服务，以改进管理为目的，提高了企业的经济效益，改善和提高了企业的管理水平，进而推动了企业管理现代化进程，增强了企业的适应能力。

　　作为一个崭新的领域，企业管理信息系统建设方法论在国内外都是非常活跃的研究领域，我们正致力于企业管理信息系统开发方法论的探索，希望能与对此问题有兴趣的领导和专家经常交流，共同摸索企业管理信息系统建设的规律。

参考文献

[1] 左美云,邝孔武.信息系统的开发与管理教程[M].北京:清华大学出版社,2001.

[2] 陈廷美.企业管理信息系统[M].北京:科学出版社,1992.

[3] 李秀丽,郭瑾莉,马晓红,等.管理信息系统开发与企业组织变革研究[M].沈阳:沈阳出版社,2012.

[4] 谢印成,张颖洁,高鹏,等.企业信息化概论[M].北京:中国矿业大学出版社,2013.

[5] 金蝶软件有限公司.ERP系统的集成应用:企业管理信息化的必由之路[M].北京:清华大学出版社,2005.

[6] 张炳申.产业组织、企业制度与支持系统[M].北京:经济科学出版社,2003.

[7] 李中斌.人力资源管理系统论[M].北京:中国言实出版社,2008.

[8] 吴齐林.企业信息系统管理[M].合肥:安徽人民出版社,2006.

[9] 刘耀.企业管理决策支持系统的理论与应用[M].北京:中国经济出版社,2001.

[10] 中国中小企业信息网.信息网络技术基础[M].北京:中国经济出版社,2006.

[11] 汪应洛,陶谦坎,袁治平.企业管理系统工程[M].北京:中央广播电视大学出版社,1993.

[12] 沈梅. 企业管理决策支持系统 [M]. 昆明：云南大学出版社，2007.

[13] 李富山. 企业管理系统工程学习指导 [M]. 北京：中央广播电视大学出版社，1994.

[14] 李东. 管理信息系统的理论与应用 [M]. 北京：北京大学出版社，2001.

[15] 樊月华. 管理信息系统与案例分析 [M]. 北京：人民邮电出版社，2004.

[16] 张瑞君. 财务管理信息化：IT 环境下企业集团财务管理创新 [M]. 北京：中信出版社，2008.

[17] 叶茂林. 知识管理及信息化系统 [M]. 北京：经济管理出版社，2006.

[18] 杨学山. 企业信息化建设和管理 [M]. 北京：北京出版社，2001.

[19] 陈关聚. 人力资源管理信息化全攻略 [M]. 北京：中国经济出版社，2008.

[20] 周晓梅，郑伟发. 企业管理信息化 [M]. 武汉：华中科技大学出版社，2012.

[21] 卢闯，李彤. 财务管理信息化 [M]. 北京：机械工业出版社，2009.

[22] 叶茂林，孙志恒. 企业信息化管理及应用 [M]. 北京：社会科学文献出版社，2006.

[23] 李全喜，刘伟江. 企业信息化与管理 [M]. 北京：机械工业出版社，2005.

[24] 陈宗舜，孟宝刚. 企业生产经营管理的信息化与实施 [M]. 北京：清华大学出版社，2005.

[25] 李德芳. 企业信息化组织与管理 [M]. 北京：化学工业出版社，2007.

[26] 武刚. 信息化管理与运作 [M]. 北京：中央广播电视大学出版社，2007.

[27] 娄策群，桂学文，赵云合. 信息化管理理论与实践 [M]. 北京：北京交通大学出版社，2010.

[28] 傅湘玲. 企业信息化集成管理：理论与案例 [M]. 北京：北京邮电大学出版社，2006.

[29] 汪莹. 企业信息化的效应理论与评价方法研究 [M]. 北京：中国经济出版社，2006.

[30] 刘希俭. 企业信息化管理实务 [M]. 北京：石油工业出版社，2013.